CUATRO ESTILOS DE APEGO

© del texto: Lluís Rodríguez, 2024
© de esta edición: Arpa & Alfil Editores, S. L.

Primera edición: febrero de 2024

ISBN: 978-84-19558-48-0
Depósito legal: B 20327-2023

Diseño de colección: Enric Jardí
Diseño de cubierta: Anna Juvé
Maquetación: Àngel Daniel
Impresión y encuadernación: QP Print
Impreso en Molins de Rei

Este libro está hecho con papel proveniente de Suecia,
el país con la legislación más avanzada del mundo en materia
de gestión forestal. Es un papel con certificación ecológica,
rastreable y de pasta mecánica. Si te interesa la ecología,
visita arpaeditores.com/pages/sostenibilidad para saber más.

Arpa
Manila, 65
08034 Barcelona
arpaeditores.com

Reservados todos los derechos.
Ninguna parte de esta publicación puede
ser reproducida, almacenada o transmitida
por ningún medio sin permiso del editor.

Lluís Rodríguez

CUATRO ESTILOS DE APEGO

Los conflictos en las relaciones de pareja
y las maneras de amar: apego seguro,
ansioso ambivalente, evitativo
y desorganizado

arpa

ÍNDICE

INTRODUCCIÓN — 9

PRIMERA PARTE: ESTILOS DE APEGO

1. ¿Qué es el apego? — 17
2. Los estilos de apego — 26
3. El apego seguro — 42
4. El apego inseguro «ansioso ambivalente» — 47
5. Los subtipos del apego ambivalente — 64
6. Apego inseguro evitativo — 76
7. Los subtipos del apego evitativo — 92
8. Apego inseguro desorganizado — 107
9. Las heridas de la infancia — 117
10. La herida de abandono — 123
11. La herida de humillación — 128
12. La herida de rechazo — 135
13. La herida de injusticia — 139
14. La herida de traición — 145

SEGUNDA PARTE: EL CAMINO DEL CAMBIO

15. ¿Solo tenemos un estilo de apego? 153
16. La gestión de la ansiedad 155
17. Contacto cero 161
18. La comunicación asertiva 169
19. La comunicación emocional 180
20. Crear un espacio seguro 189
21. Autoestima sana 196
22. El afecto y la intimidad 203
23. Las relaciones tóxicas 211

TERCERA PARTE: EL AMOR, LAS RELACIONES Y EL APEGO

24. Ruptura y duelo 227
25. La necesidad de tener pareja 235
26. Adicción 241
27. El miedo a la soledad 247

CONCLUSIÓN 251
BIBLIOGRAFÍA 253

INTRODUCCIÓN

La razón principal por la que he querido escribir este libro tiene que ver, sobre todo, con lo que fue para mí un descubrimiento: que los estilos de apego explican el origen de la gran mayoría de los conflictos en las relaciones de pareja.

A lo largo de mi proceso personal de formación y autoconocimiento he tenido la oportunidad de conocer en profundidad muchas herramientas psicológicas. Todas ellas me han ayudado en mi desempeño profesional. Sin embargo, en cuanto nos adentramos en el terreno puramente emocional, la teoría se hace claramente insuficiente.

En el terreno de la terapia de pareja, sentía que había algo que era visible. En mi consulta yo detectaba que estaba ocurriendo algo que no acertaba a explicar con las herramientas de las que disponía. Entonces la teoría del apego adulto apareció en mi vida y tuve la oportunidad de estudiarla e investigar sobre ella. Todo empezó a tener sentido, no solamente en algunos casos particulares, sino en todos y cada uno de ellos. Pude finalmente identificar el núcleo del conflicto emocional y el porqué de las dificultades para resolverlo.

Mi historia en torno del conocimiento de la psicología empezó, como es el caso de muchas personas que se dedican a esta apasionante disciplina, cuando tuve mi propia crisis. Hace ya 36 años, un gran sufrimiento neurótico me llevó a urgencias psiquiátricas y a tener que realizar un tratamiento psicofarmacológico de casi siete años. Ese fue el inicio de un proceso personal de transformación que, por supuesto, no ha terminado y que nunca terminará: el autoconocimiento y la comprensión profunda de la conducta humana son inabarcables en una sola vida. Siempre hay más preguntas que respuestas.

A raíz de esta crisis, indagué e investigué en todas las disciplinas que arrojaban claridad a mi incomprensión. En este camino personal empecé también mi dedicación profesional, así que tuve la oportunidad de formarme durante algunos años, y después, durante algunos años más, pude dedicarme a impartir formación en muchas disciplinas. Esto me proporcionó nuevos y más interesantes aprendizajes. Todas las personas que han asistido a mis cursos y talleres me han enseñado algo, me han ayudado a comprender diferentes maneras de sentir en la vida y puedo sentirme muy afortunado de haber podido ayudarlas. Después quise dedicarme a la psicoterapia, un enorme campo de aprendizaje para mí. Nunca había comprendido tanto la psicología hasta que tuve delante a tantas personas expresando su intimidad más profunda, algo que no encuentras en los libros, algo que solo puede contemplar un psicoterapeuta, porque solo ante ti se abren totalmente los sentimientos y emociones de esa persona.

Esto fue, para mí, un antes y un después. Todo encajaba mucho mejor. Así llegaron los primeros casos de terapia de pareja y, más adelante, la teoría del apego. La mayor parte de lo que ofrezco en este libro y en mis formaciones lo he aprendido en cada uno de esos procesos terapéuticos. Luego, todo ha redundado en beneficio de todas las personas que han confiado en mí, puesto que actualmente me permite ayudar a muchas parejas, personas sin pareja, personas que quieren tener pareja, familias que dependen de la convivencia en pareja...

La teoría del apego adulto ayuda a entender por qué y cómo nos vinculamos en pareja, por qué es universal y tan importante en la vida de la inmensa mayoría de nosotros, en todas las culturas y todos los tiempos. Además, si profundizamos un poco en ella, nos ayuda a comprender qué son las emociones, por qué nos dominan a veces y por qué dependemos de ellas para ser felices.

Asimismo, la teoría del apego adulto nos ofrece la posibilidad de trabajar para tener relaciones sanas, de distinguir los elementos que nos impiden comunicarnos con nuestra pareja, los obstáculos que nos impiden disfrutar de las bondades del afecto y el sexo dentro de la relación.

Aún más, la teoría del apego adulto nos ofrece la posibilidad de amar sin miedo, puesto que detrás de los problemas consecuentes de un estilo de apego inseguro residen el miedo y las heridas emocionales que no nos permiten mostrar nuestro corazón al otro. Para amar de verdad hay que desterrar el miedo, que encierra y destruye el corazón. Es triste descubrir que lo que nos permite expresar ese amor son los vínculos que establecemos con los demás y que, sin embargo, ese vínculo se puede convertir en una fuente de sufrimiento. El amor más profundo se expresa en el vínculo más profundo, el de una pareja sentimental. Así que propongo que utilicemos las virtudes de esta teoría para aprender a amar. No se me ocurre ningún otro regalo mejor en la vida.

Por todo ello, puedo decir que me siento inmensamente agradecido. He encontrado el sentido a mi vida en la ayuda a los demás y esto me hace inmensamente feliz. Desde aquí quiero dar las gracias a todas y cada una de las personas que acudieron a mí en momentos de dificultad y que me ayudaron a crecer en mi profesión.

Este libro tiene un propósito muy claro: aportar comprensión y recursos para mejorar las relaciones de pareja.

Desde que John Bowlby formuló la teoría del apego, hemos avanzado mucho en la comprensión de las relaciones emocionales, no solamente de los niños, sino de los adolescentes y de las personas adultas. Hoy en día, la teoría moderna del apego y los avances en neurociencia confirman y aportan nuevos hallazgos que permiten realizar cambios donde antes no sabíamos ni siquiera que había un problema. Un estilo de apego no es una etiqueta ni una condena, los estilos de apego se aprenden en la infancia y a lo largo de toda la vida. Un estilo de apego consiste en una serie de estrategias orientadas a obtener el afecto de una figura de apego. Estas estrategias pueden ser funcionales si consiguen su objetivo o perjudiciales si no lo hacen y las repetimos, porque no conocemos otras mejores. Pero son estrategias y las estrategias se pueden aprender siempre, así que aquellas que no aprendimos en su momento las podemos aprender ahora, igual que aprendemos otras muchas cosas, solo hay que ponerse a trabajar en ello.

Las estrategias de apego que aprendemos y desarrollamos desde que nacemos se activan y pronuncian en el momento en que tenemos una pareja sentimental. Puesto que las relaciones de pareja son algo tan importante para todos y repercuten de forma directa y decisiva en la satisfacción vital de cada uno, el hecho de que seamos capaces de entender sus mecanismos y las dinámicas resultantes nos proporciona la posibilidad de ser mucho más felices o, en muchos casos, dejar de sufrir inútilmente.

Lo que aquí voy a plasmar no es simplemente el conocimiento que he adquirido a lo largo de mi formación personal, sino el resultado de una serie de talleres y cursos impartidos sobre relaciones de pareja y, sobre todo, de muchas horas de terapia de pareja con personas que me han aportado su experiencia. Lo que he aprendido ha sido gracias al contacto con los demás. En los vínculos terapéuticos también se establecen vínculos emocionales y solo así se puede comprender cómo funciona el mundo de las emociones, sintiéndolas, compartiéndolas. Las emociones son lo que nos conecta a los demás y también a nosotros mismos, es la vía a través de la cual sentimos la vida.

En este libro quiero ofrecer una visión del apego y, en concreto, de los estilos de apego, que proporcione herramientas para comprender, hacer conscientes y cambiar los errores que se cometen regularmente en todas las relaciones, para hacer posible tener una relación sana e, incluso, que ayude a sanar las heridas de la infancia que acostumbran a haber detrás de estos errores.

Vamos a tratar de hacer un itinerario a través no solo de los diferentes estilos de apego, sino de algunos conceptos relacionados que nos ayudarán a tener una comprensión más profunda y completa.

Es aconsejable, para asimilar mejor el texto, intentar conectar cada elemento, cada capítulo, con nuestra propia experiencia. Todos sentimos o hemos sentido cada uno de los temas que aquí se tocan, así que hacer una reflexión profunda a partir de las emociones que afloran durante la lectura es la mejor manera de aprovechar este libro. Entendemos realmente las emociones cuando las sentimos. Para entender lo que comparto aquí es necesario experimentarlo a partir de nuestra experiencia. Todos, y más aún las personas que tengan este libro en sus manos, hemos pasado por una infancia más o menos difícil y hemos tenido relaciones de pareja con mayor o menor éxito. Todo lo que cuento aquí lo hemos vivido todos en alguna medida y forma parte de nuestra experiencia emocional.

También me propongo que el lector comprenda e identifique cada estilo de apego y sus mecanismos de defensa, realizando una descripción exhaustiva de cada uno para que sea más fácil identificarlos en nosotros mismos o en los demás.

Y, por supuesto, trataré de aportar herramientas e instrucciones para mejorar nuestro estilo de apego, en cualquier caso. Descubrir qué es y en qué consiste un apego seguro y cómo podemos trabajar para alcanzarlo.

PRIMERA PARTE
ESTILOS DE APEGO

I
¿QUÉ ES EL APEGO?

Este libro está pensado para todas aquellas personas que quieran mejorar su relación de pareja, las que están sufriendo relaciones de las que no consiguen salir o que no consiguen avanzar y las que quieren entender y saber cómo actuar ante los numerosos conflictos que todos vivimos con nuestra pareja. Para aquellos que quieran comprender mejor lo que les ha sucedido en su relación o qué le sucedió a su pareja, para los que sufren o han sufrido ansiedad debido a una relación sin saber por qué ni qué hacer para gestionarla.

Este libro, al fin y al cabo, está destinado a casi todos. Casi todos estamos o hemos estado en una relación y todos o casi todos hemos tenido problemas, dudas o dificultades para avanzar. Casi todos o todos queremos mejorar, ser más felices, amar más y mejor y ser amados de la misma manera.

Por supuesto, también está pensado para todas aquellas personas que se dedican de manera profesional a la psicoterapia y quieren incluir en su bagaje esta teoría y las conclusiones que pueda aportar desde mi trabajo. Me consta que existen muchos profesionales de la psicología que desconocen las implicaciones de los estilos de apego en los elementos neuróticos de la relación, y sé que aquellos que lo han incorporado han obtenido resultados mucho mejores con sus clientes. También me consta, a partir de sus comentarios, que muchas personas han echado en falta este enfoque en sus procesos terapéuticos de pareja o individuales y que, aunque estuvieron en manos de magníficos profesionales, han visto una luz que no habían encontrado antes gracias a la comprensión de la dinámica del apego y una puerta abierta a la posibilidad de hacer cambios y resolver conflictos.

Así que, desde mi humilde aportación, me atrevo a invitar a todos aquellos que aún no lo hayan hecho a incorporar esta perspectiva y adaptarla al buen hacer profesional de cada uno, por el bien de todas las personas que nos necesitan y se benefician de nuestra ayuda.

UNA HERRAMIENTA PARA FORTALECER LA RELACIÓN DE PAREJA

En ningún caso este libro tiene intención de sustituir el proceso terapéutico. En realidad, tener un apego inseguro no es un impedimento para tener una relación sana, aunque sí es una fuente de dificultades y obstáculos. Podemos, incluso, estar satisfechos de la relación que tenemos y querer reforzar nuestro vínculo, construir un futuro en pareja reforzando las bases sobre las que se sustenta la relación o simplemente tratar de llegar a expresar nuestro afecto de manera mucho más eficaz. Así que aquí vamos a tratar de ofrecer herramientas y ejercicios para empezar a trabajar en ello, recursos que puedan proporcionar la capacidad de gestión y de comunicación allí donde sea necesario. Sin embargo, debemos ser conscientes de que en muchos casos será necesaria la ayuda profesional.

No es buena idea utilizar este conocimiento para imponer o pretender cambiar a la otra persona. Si no podemos mejorar, si la relación hace daño y sigue siendo dolorosa a pesar de nuestros esfuerzos, deberíamos iniciar un proceso terapéutico.

EL APEGO ES NATURAL

La palabra «apego» puede tener muchas interpretaciones y, cuando hablamos de apego en las relaciones de pareja, no siempre tenemos muy claro a qué nos referimos. Algunas personas entienden el apego como algo negativo, que conlleva dolor y dependencia, que nos va a hacer sufrir, que nos obliga a estar en una relación de pareja y perder la libertad personal, en definitiva, algo que deberíamos evitar. También hay personas que entienden el apego como un deseo, como algo que necesitamos para ser felices; otras lo entienden como una costumbre, algo que sucede simplemente por el paso del tiempo, como un hábito. Pero nada de esto se ajusta en esencia a lo que representa un vínculo de apego ni explica por qué es tan trascendental en las relaciones de pareja.

El apego es, ante todo, una programación biológica. Me explico: todas las personas al nacer lo hacemos programadas para apegarnos a los demás, para establecer un vínculo emocional. Un bebé nace programado para apegarse a su madre para que lo cuide. Es una cuestión de supervivencia, algo que compartimos con el resto de los mamíferos y lo que nos ha llevado a evolucionar con éxito: conseguir ese cuidado es fundamental para crecer y seguir con vida el tiempo suficiente para dejar descendencia. Hay un impulso en nuestro cerebro que nos hace apegarnos a los demás, que nos hace sentir que tenemos que conectar con otras personas y que debemos hacerlo para sobrevivir. Un mandato evolutivo nos dice que, formando parte de un grupo, tendremos muchas más probabilidades de continuar con vida. Así pues, si no nos sentimos conectados, no nos sentimos seguros.

Por lo tanto, cuando hablamos de apego hablamos de algo deseable, algo positivo y bueno, que pretende hacernos sentir bien, sentirnos seguros. Por lo tanto, cuando confundimos este apego con algo negativo es porque no estamos diferenciando entre el apego seguro y el apego inseguro, entre apego satisfecho y apego insatisfecho, o entre sentirnos apegados y sentir el temor de que podemos perder ese vínculo.

VÍNCULOS FELICES Y VÍNCULOS INFELICES

Todos buscamos el apego seguro, la sensación de que tenemos un vínculo fiable y confiable con los demás, porque nos proporciona una sensación de felicidad, de paz, de no tener que seguir buscando más. El apego inseguro nos lleva a sufrir precisamente por esto, porque si no tenemos la sensación de seguridad en el vínculo sentiremos ese impulso emocional que no nos permite relajarnos, que nos obliga a buscarlo, a cuidarlo o asegurarlo como si nos fuera la vida en ello, que no descansaremos hasta encontrarlo ni podremos disfrutar plenamente de otras cosas. Ahora ya podemos ver por qué. Si seguimos el impulso de establecer un vínculo con una persona y esta se resiste a establecerlo con nosotros, sentiremos inseguridad y la necesidad de hacer algo para que esto cambie. Aquí reside el éxito de una relación de pareja; por eso queremos gustar, conquistar y mantener una relación, para obtener la seguridad de un vínculo.

Sentir apego es bueno. Una persona que no siente este apego por otras personas (pareja, amigos, familia...) se sentirá sola en el mundo, experimentará un vacío más o menos consciente aunque esté rodeada de gente. No puede ser de otra manera puesto que su cerebro generará ese impulso básico que no se satisfará hasta que lo obtenga, negarlo es negar una parte esencial y vital de nosotros mismos.

Por otro lado, esta programación biológica también nos impulsa a encontrar una pareja con la que no solo generamos este tipo de vínculo, sino que previamente nos enamoramos, nos sentimos atraídos sexualmente y tratamos de establecer una unión que perdure lo suficiente como para tener descendencia; aquí se unen otros mandatos instintivos: el impulso sexual y la transmisión de nuestros genes.

Así podemos entender con claridad la importancia tan grande que damos todos, en general, al amor y las relaciones de pareja y la importancia del papel del apego, puesto que es, de alguna forma, el pegamento que nos mantiene unidos durante el tiempo suficiente para tener descendencia y cuidar de esta para que prospere y a su vez transmita sus genes, que son los nuestros. Si además de todos estos mandatos biológicos o instintivos sumamos mandatos culturales, veremos hasta qué punto estamos programados para encontrar pareja y para formar una familia, para ser miembros útiles de la sociedad, para que la transmisión de nuestra información genética quede asegurada en el futuro en nuestra descendencia.

El apego no es malo, es bueno y necesario. Lo malo es no tener ese vínculo establecido y lo que nos hace sufrir no es solamente el hecho de no conseguirlo, sino la manera equivocada de buscarlo o intentar forzarlo. El sufrimiento empieza en el momento en que tú estás buscando la seguridad, la tranquilidad, el amor y la calma con alguien que no te lo da, ya sea porque no quiere o porque no puede, y aun así insistes. Esto acaba creando dependencia emocional, que no es lo mismo que el apego y que, como veremos más adelante, suele confundirse trágicamente.

El apego forma parte de nosotros y es algo positivo, es lo que nos hace sentir bien y, a veces, o de alguna manera, es lo que le da sentido a la vida. Una persona que tiene unas buenas conexiones emocionales con su pareja, hijos, padres, amigos o la sociedad es una persona que está bien en el mundo, que siente que su vida tiene sentido y está satisfecha, porque el apego, la sensación de estar conectada con los demás, le proporciona tranquilidad, seguridad y libertad, puesto que un impulso emocional satisfecho te permite liberarte para poner la atención en otras cosas, en otros objetivos. Visto esto, quisiera romper con ello la creencia de que la necesidad de apego coarta la libertad de las personas. En realidad, es a la inversa: cuando la necesidad de apego se ve satisfecha nos permite la libertad de disfrutar de la vida en su plenitud, puesto que el sentido básico de supervivencia, emocionalmente hablando, queda asegurado.

LA CONEXIÓN EMOCIONAL

¿Cuántas veces hemos oído hablar de personas que han conseguido metas, riqueza y fama pensando que así alcanzarían la felicidad y la satisfacción personal, pero cuando por fin consiguen estos objetivos y no tienen con quién compartirlos no se sienten felices ni satisfechos, sino todo lo contrario? Para sentirnos satisfechos no necesitamos cosas, ni éxito, ni objetivos, necesitamos personas porque estamos programados para conectar con los demás; somos, después de todo, animales sociales, mamíferos, y esa conexión imprescindible es el apego.

Muchas personas se encuentran sufriendo en una relación cuando lo que esperaban era ser felices. Se acaban descubriendo en una unión con una pareja que no los quiere, que los trata mal o que los ignora, pensando que están ahí por amor, por apego, porque así lo sienten, pero no es así, aunque lo parezca. Llegamos a justificar cualquier sufrimiento en nombre del apego y del amor, siendo este uno de los errores más graves que podemos cometer en una relación de pareja.

No se puede establecer un apego con una pareja que no está apegada a nosotros porque este vínculo emocional necesita de dos personas. Una sola persona no genera una conexión. Si tenemos una pareja que no conecta con nosotros, en realidad no hay apego. Lo que sucede es que nuestra gran necesidad de apego, por miedo a sentirnos solos, busca desesperadamente crear un vínculo incluso donde no lo vamos a encontrar, como si fuera una necesidad vital, puesto que es así como se siente. Cuando tenemos una relación de pareja sana, con un apego seguro, lo que sentimos es justamente lo contrario al sufrimiento y la dependencia emocional. Y lo más paradójico es que existan tantas personas que permanecen en este sufrimiento en nombre del amor, «porque le quiero». Sentir una necesidad de apego no es sentir amor. Se puede parecer, pero está en sus antípodas, psicológicamente hablando. Debemos aprender a no confundir apego con amor.

CONFUNDIR APEGO CON AMOR

Cuando hablamos de los vínculos de apego en la relación de pareja no estamos hablando de amor. El amor es algo que puede comprender el apego, hay apego en las relaciones amorosas, pero no tiene por qué haber amor en las relaciones de apego.

Es completamente normal confundir apego con amor. También es normal que sintamos la necesidad de estar con nuestra pareja, de verla, de hablarle, de saber de él o de ella, y que interpretemos eso como un sentimiento amoroso. Y puede que sí, que haya amor y que lo sintamos así, pero el amor, el deseo o la necesidad, son cosas muy diferentes.

La principal diferencia es que el apego es una necesidad, algo que tenemos que conseguir, algo que nos pueden dar o que nos pueden quitar. El amor no es necesitar, es dar o, más bien, expresar. Es decir, sentimos apego hacia nuestra pareja y necesitamos la seguridad emocional que nos proporciona el vínculo con ella. Como hemos explicado anteriormente, esto tiene que ver con nuestro instinto de supervivencia. Por lo tanto, tenemos una necesidad de apego que, si no se ve satisfecha, nos genera miedo, sufrimos y utilizamos una serie de estilos de apego aprendidos, estrategias de manipulación, para tratar de convencer, de chantajear, de amenazar, de controlar a nuestra pareja... En conclusión, desde la necesidad de apego las expresiones son de demanda y desde el amor son de afecto. ¿Hay amor en el apego? Sí, debería haberlo, pero no siempre es así.

La expresión del amor no solamente la podemos ver en una relación de pareja. Podemos expresar y sentir amor por nuestros hijos, por las personas que nos necesitan, por nuestras mascotas. Es una sensación que nos hace sentir bien, que nos da paz e incluso da sentido a nuestra vida. En cambio, desde la necesidad de apego puede surgir sufrimiento por miedo a perder a esa persona o a no saber qué tenemos que hacer para garantizar que no nos abandonen. Todo son expectativas sobre qué va a hacer esa persona, si va a estar con nosotros, si nos va a dejar, si va a cambiar... Estas expectativas pueden derivar en una frustración, y la frustración es contraria a la sensación del amor: no trae paz ni felicidad, sino rabia, rencor y dolor. Aquí ya no cabe el amor.

Desde el amor no hay expectativas, sino aceptación. Aceptamos a la otra persona y expresamos amor hacia ella tal y como es, en las circunstancias que sean, sin pedir ni esperar nada a cambio. El amor es regocijarse por la existencia del otro.

Desde la necesidad de apego podemos responsabilizar a la otra persona de nuestro bienestar, porque la pérdida del vínculo es una amenaza y, por tanto, vemos a nuestra pareja como la responsable de que nosotros estemos bien o no, así que, si no es así, le echaremos la culpa, le reprocharemos y le exigiremos, la intentamos controlar, culpar, manipular, ofender, dañar, etc. Desde el amor nunca lo haríamos. El amor no tiene lugar para malos sentimientos o malas acciones. Nunca podemos justificar un maltrato o un desprecio en nombre del amor: esto en sí mismo sería una incoherencia. El amor es una sensación de plenitud que alimenta nuestra autoestima. En cambio, la necesidad de apego la reduce.

Tenemos la concepción equivocada de que la necesidad de apego es amor porque siempre lo hemos visto así en películas y canciones donde se habla del sufrimiento, de la pérdida, de no poder vivir el uno sin el otro, de no volver a ser nunca el mismo si te dejan, de que la vida no tiene sentido sin la otra persona... Todos estos conceptos están relacionados con el apego, no con el amor. El problema es que lo englobamos todo en el paquete del amor romántico. Hemos llegado a creer que apego y amor son lo mismo, y somos capaces de asumir una relación que nos hace daño con el fin de vivir un romance, aunque sea con sufrimiento. Esa persona deviene muy importante, necesaria. Piensas que eso es amor, que debes conservarla, que si la pierdes estás perdiendo algo muy valioso.

Pero realmente no hay una pérdida, sino un beneficio, en romper una relación con una persona que te está haciendo sufrir: es justamente lo que necesitas. Es una ganancia, te liberas y puedes encontrar el amor en otra parte, en lugar de seguir buscando en el sitio equivocado.

En conclusión, el amor es algo diferente del apego, algo que debemos trabajar para mejorar nuestra relación y nuestra autoestima. El apego inseguro a menudo destruye el amor, pero el apego seguro, el apego sano en una relación es justo lo que permite y favorece que nazca el auténtico amor. Por lo tanto, si queremos construir una relación sana y próspera, debemos poner atención a todos los elementos que la componen, que aseguren un vínculo de apego fuerte y que ese vínculo sea capaz de sentar una base firme donde crezca el amor libremente.

2

LOS ESTILOS DE APEGO

Cuando hablamos de estilos de apego nos estamos refiriendo a una serie de estrategias que desarrollamos prácticamente desde que nacemos. Estas estrategias tienen como propósito conseguir y mantener los cuidados necesarios para que el niño consiga sobrevivir, por lo que están enfocadas en el cuidador principal y, más adelante, en otras figuras de apego. Este cuidador principal suele ser la madre, pero otra persona puede cumplir esa función en muchas ocasiones, y todo comienza en cuanto el niño percibe la primera sensación de malestar y necesita conseguir la atención de alguien para remediarlo. Después, estas estrategias quedan incorporadas en nuestra estructura psicológica y pasan a formar parte de nuestro bagaje, mayormente de manera inconsciente, a lo largo de la vida, como recursos que funcionan de forma automática ante cualquier amenaza de pérdida de la figura de apego.

Por ejemplo: en cuanto un niño siente que su madre no está, puede ponerse a llorar desconsoladamente hasta que aparezca. Cuando lo hace se calma, confirmando que llorar es una estrategia que funciona, de modo que volverá a hacerlo cuando lo necesite y la madre acudirá de manera sistemática y fiable. El niño crecerá, madurará y comprenderá que puede confiar en su madre, que no lo va a dejar solo, y ya no necesitará llorar desconsoladamente, porque habrá aprendido que su madre llegará antes o después y no le ocurrirá nada malo. Esto es un apego seguro.

Si la madre no le proporciona esa confianza porque algunas veces desaparece y el niño pasa mucho miedo, este no dejará de llorar cada vez que la madre se ausente un poco más de lo normal, incluso lo hará cuando crea que se va a ir. El niño no consigue sentir confianza porque no se ha creado un vínculo seguro, digamos que la madre no es confiable ni sistemática. Esto le lleva a estar pendiente de ella en todo momento, a no despistarse mucho por si desaparece y a reaccionar con un llanto desmedido cada vez que quiera que aparezca. Esto es un «apego inseguro».

El niño se hace mayor, pero la sensación de seguridad o inseguridad permanece en su memoria inconsciente y, si algo no lo cambia, le acompañará toda la vida.

Así, en la vida adulta y en referencia a la relación de pareja, la primera división que podemos hacer es si estas estrategias, estos estilos de apego, consiguen hacernos sentir seguros o no. Decimos que tenemos «apego seguro» cuando somos capaces de gestionar nuestras propias emociones, por lo menos en última instancia. Es decir: si en una relación no recibimos el afecto que necesitamos de nuestra pareja, independientemente de la forma que adopte esta necesidad de afecto, si después de intentar solucionarlo de todas las maneras posibles seguimos sin recibirlo y esto nos provoca sufrimiento, hay una línea a partir de la cual deberíamos ser capaces de ocuparnos de nuestras necesidades emocionales en vez de seguir sufriendo y dependiendo de la otra persona para estar bien.

INSEGURIDAD

Pero cuando tenemos un «apego inseguro» esto no sucede, sino que tenemos la sensación de no ser capaces de ocuparnos de nuestras emociones porque necesitamos a la otra persona. Es lo que llamamos dependencia emocional. Cuando escogemos el sufrimiento o la insatisfacción en una relación porque sentimos que sin esa persona va a ser peor, que si nos quedamos solos vamos a sufrir más, utilizamos una serie de estrategias desesperadas que están orientadas a no perder a esa persona, a no perder la figura de apego.

Un ejemplo básico, pero representativo, es cuando en una relación tu pareja deja de quererte, de tratarte bien o de atenderte. Como se suele decir, ya no te quiere y haces cualquier cosa con tal de que no se vaya. Le imploras, te sometes, te vuelves más complaciente, etc., en vez de abandonar la relación, que es lo que harías si fueras una persona con una buena autoestima y un apego seguro. Nunca aceptarías estar con alguien que no quiere estar contigo.

Un niño sí depende de su figura de apego para sobrevivir, pero una persona adulta no. Pero ambos sienten el miedo de la misma manera. El niño no puede hacer nada, pero el adulto es, o debería ser, autónomo.

Todas las descripciones de los diferentes tipos de apego corresponden a comportamientos arquetípicos. En la realidad, habrá personas que se ajusten más o menos a un subtipo determinado, pero en la mayoría de los casos lo harán en diferentes grados. Este libro contiene una descripción de los estilos de apego y sus subtipos, no de las personas. Observar y comprender las dinámicas de un comportamiento nos ayudará a mejorar nuestra relación de pareja o descartarla definitivamente.

Un estilo de apego no es una patología ni un trastorno de personalidad. Todos tenemos diferentes estilos de apego, puesto que todos hemos aprendido diferentes estrategias a lo largo de la vida para gestionar nuestros vínculos. Unas estrategias son más conscientes y otras menos, pero hay ciertas conductas que repetimos de manera habitual y que definen nuestro estilo de apego principal. En una relación de pareja, todos adoptamos un rol diferente en función de nuestro carácter, de las circunstancias o del estilo de la otra persona. La diferencia es más una cuestión de grado. Llegado a un extremo, ese tipo de conductas se vuelven destructivas para nosotros y para la relación.

Cuando hablamos de relaciones de pareja, todos nos movemos entre la necesidad de unión (de vinculación emocional), y la necesidad de autonomía (de libertad). Digamos que todos tenemos actitudes evitativas y ambivalentes. Todos queremos estar en pareja, pero también preservar nuestra individualidad.

Al principio de una relación de pareja, cada uno ocupa un rol. Estos papeles no los adoptamos de forma consciente y no están aún claros, porque necesitamos conocer mejor a la otra persona para saber cómo actuar. Después de este período de adaptación, empezamos a sentirnos más seguros en uno u otro rol, y podemos llegar a intercambiar los papeles según las circunstancias o la evolución de la relación. Este proceso es completamente sano y funcional. Unas veces puedes ser el conquistador y otras el conquistado. Unas veces eres quien toma la iniciativa y otras tratas de complacer. Unas veces buscas a tu pareja y otras te retiras y dejas que te busque a ti. Es como una danza: uno lleva y el otro es llevado, y así la relación se convierte en una experiencia de conocimiento mutuo y de conexión. Todo encaja, la relación avanza y la música no se detiene...

El apego inseguro surge cuando la necesidad de uno amenaza la necesidad del otro. Por ejemplo, si la persona que necesita más autonomía y libertad despierta la ansiedad de la persona que necesita más intimidad y afecto o, a su vez, la persona que necesita más intimidad amenaza la necesidad del otro de mayor libertad o autonomía emocional. La mala noticia es que una cosa realimenta la otra: cuanto más se acerca uno más se retira el otro y viceversa. Así, la dinámica «evitativo/ambivalente» puede pasar de ser un baile perfecto a una batalla sin fin.

Esta dinámica es algo universal en las relaciones, por lo que es muy frecuente que una persona con un estilo de apego seguro tenga una pareja con apego inseguro y que, con el tiempo, desarrolle o manifieste a su vez patrones de apego inseguro que ni siquiera sabía que tenía en su repertorio psicológico.

LA DINÁMICA EVITATIVO-AMBIVALENTE

El caso más frecuente es el de la persona que siempre ha mostrado un apego seguro y conoce a otra con un apego marcadamente evitativo: en cuanto detecta la evitación empieza a sentir ansiedad y no sabe cómo interpretarla ni resolverla. Lo primero que va a hacer, casi sin darse cuenta, es utilizar patrones de aproximación, búsqueda de confirmación o de reclamo, típicos de un apego ansioso ambivalente. Esta es una situación recurrente puesto que, al principio de la relación, como sabemos, las personas con apego evitativo se comportan con relativa normalidad y es muy difícil prever que más adelante se vayan a retirar.

Lo mismo sucede con una pareja que muestra apego ansioso ambivalente. Al principio todo transcurre con relativa normalidad, pero en un momento determinado comienza a mostrarse insegura y demandante. Se queja si no recibe lo que espera. El otro, que tiene un apego seguro, trata de mantener la relación en términos equilibrados, razonando de manera adecuada, pero el ambivalente lo interpreta como una falta de interés y su ansiedad aumenta, así como la invasión emocional, la queja y el reproche. El seguro, ante la presión, desarrolla una necesidad de retirarse y de defender su autonomía. Las personas con apego ambivalente suelen mostrarse muy afectuosas. Más tarde aparecen los patrones de ansiedad y ambivalencia, el conflicto, y la pareja intenta que las cosas funcionen entre ellos. En esos intentos se despiertan muchos patrones de apego inseguro.

Para complicar más las cosas, algunas personas no consiguen sentirse seguras ni en un extremo ni en el otro y oscilan entre ambos. Cuando están en una relación buscando intimidad, se acaban sintiendo vulnerables y reaccionan retirándose para protegerse. Cuando se han retirado no consiguen sentirse seguros sin ese vínculo emocional, la soledad les atormenta y tratan de recuperar el vínculo. Es decir, unas veces muestran un estilo de apego ansioso ambivalente y otras un estilo de apego evitativo. Esto suele suceder de forma reactiva, sin que lo veamos venir. Por eso decimos que estas personas tienen un estilo de apego «desorganizado».

El «apego inseguro» puede tener dos estilos diferentes: el «apego inseguro ansioso/ambivalente» y el «apego inseguro evitativo». En el primero se manifiestan con claridad la inseguridad emocional y la falta de autoestima. El segundo es más confuso y suele interpretarse como un «no apego». Vamos a verlos.

LOS DISTINTOS TIPOS DE ESTILOS DE APEGO

Los estilos de apego se caracterizan por diferentes formas de interactuar y comportarse en las relaciones. Durante la primera infancia, estos estilos de apego se centran en cómo interactúan los niños con sus padres.

En la edad adulta, los estilos de apego se utilizan para describir los patrones de apego en las relaciones de pareja. El concepto de estilos de apego surgió a partir de la teoría y la investigación sobre el apego que se desarrolló a lo largo de las décadas de 1960 y 1970. En la actualidad, se suelen reconocer cuatro estilos de apego principales.

El apego es una relación emocional especial que implica un intercambio de consuelo, cuidado y placer. Las raíces de la investigación sobre el apego empezaron con las teorías de Freud sobre el amor, pero se suele atribuir a otro investigador el mérito de ser el padre de la teoría del apego.

John Bowlby dedicó extensas investigaciones al concepto de apego, describiéndolo como una «conexión psicológica duradera entre seres humanos».[1] Bowlby compartía la opinión psicoanalítica de que las experiencias tempranas en la infancia influyen en el desarrollo y el comportamiento en la edad adulta.

Nuestros primeros estilos de apego se establecen en la infancia a través de la relación bebé/cuidador. Además, Bowlby creía que el apego tiene un componente evolutivo: ayuda a la supervivencia. «La propensión a establecer fuertes vínculos emocionales con determinadas personas es un componente básico de la naturaleza humana», explica.

CARACTERÍSTICAS DEL APEGO

Bowlby creía que el apego tiene cuatro características fundamentales:

— **Mantenimiento de la proximidad**: El deseo de estar cerca de las personas a las que estamos unidos.

---

[1] Bowlby, John, *El apego*. Paidós, Barcelona, 2023.

— **Refugio seguro:** Volver a la figura de apego en busca de consuelo y seguridad ante un miedo o amenaza.

— **Base segura:** La figura de apego actúa como base de seguridad desde la que el niño puede explorar el entorno que le rodea.

— **Angustia de separación:** Ansiedad que se produce en ausencia de la figura de apego.

Bowlby también hizo tres propuestas sobre la teoría del apego. En primer lugar, sugirió que cuando los niños se crían con la confianza de que su cuidador principal estará disponible para ellos, es menos probable que experimenten miedo que los que se crían sin esa convicción.

En segundo lugar, creía que esta confianza se forja durante un periodo fundamental del desarrollo, durante los años de la infancia, la niñez y la adolescencia. Las expectativas que se forman durante ese periodo tienden a permanecer relativamente inalteradas durante el resto de la vida de la persona.

Por último, sugirió que estas expectativas que se forman están directamente vinculadas a la experiencia. En otras palabras, los niños desarrollan las expectativas de que sus cuidadores responderán a sus necesidades porque, según su experiencia, sus cuidadores han respondido en el pasado.

EL EXPERIMENTO DE MARY AINSWORTH

En la década de 1970, la psicóloga Mary Ainsworth amplió el trabajo pionero de Bowlby en su ahora famoso estudio de la «Situación Extraña».[2] El estudio consistía en observar a

---

2 Ainsworth, Mary D.S. et al., *Patterns of Attachment: A Psychological Study of the Strange Situation*, Psychology Press, Londres, 1979.

niños de entre 12 y 18 meses de edad que respondían a una situación en la que se les dejaba brevemente solos y luego se les reunía con su madre. La Evaluación de Situaciones Extrañas de Ainsworth seguía esta secuencia básica:

1. Madre e hijo están solos en una habitación.
2. El niño explora la habitación bajo la supervisión de sus padres.
3. Un desconocido entra en la habitación, habla con la madre y se acerca al niño.
4. La madre sale de la habitación en silencio.
5. La madre regresa y consuela al niño.

Basándose en estas observaciones, Ainsworth llegó a la conclusión de que había tres estilos principales de apego: apego seguro, apego inseguro ambivalente y apego inseguro evitativo.

Los investigadores Main y Solomon añadieron un cuarto estilo de apego conocido como apego desorganizado-inseguro.[3] Numerosos estudios han respaldado las conclusiones de Ainsworth y otras investigaciones han revelado que estos estilos de apego tempranos pueden ayudar a predecir comportamientos más adelante en la vida.

EL APEGO A LO LARGO DE LA VIDA

Antes de que empieces a culpar a tus padres de tus problemas de relación, es importante tener en cuenta que los estilos de apego que se forman durante la primera infancia no son necesariamente idénticos a los que se manifiestan en las relaciones

---

3 Brazelton, T.B., *Affective Development in Infancy*, Ablex, Nueva York, 1986.

de pareja. Ha transcurrido mucho tiempo desde la infancia, por lo que las experiencias intermedias también desempeñan un papel importante en los estilos de apego de los adultos.

Las personas ambivalentes o evitativas durante la infancia pueden llegar a tener un apego seguro en la edad adulta, mientras que las que tuvieron un apego seguro en la infancia pueden mostrar patrones de apego inseguro en la edad adulta. También se cree que el temperamento desempeña un papel en el estilo de apego.

Entonces, ¿qué papel pueden desempeñar factores como el divorcio de los padres o la discordia en la formación de los estilos de apego? Al parecer, el divorcio de los padres no parece estar relacionado con el estilo de apego. En cambio, el mejor predictor del estilo de apego adulto es la percepción que tienen las personas sobre la calidad de su relación con sus padres, así como de la relación de sus padres entre sí.

Pero las investigaciones indican que los patrones establecidos en la infancia tienen un impacto importante en las relaciones posteriores.

Los adultos con apego seguro tienden a creer que el amor romántico es duradero. Los adultos con apego ambivalente se enamoran a menudo, mientras que los que tienen un estilo de apego evitativo describen el amor como algo temporal.

Aunque no podemos decir que los estilos de apego tempranos sean idénticos al apego sentimental en la edad adulta, las investigaciones demuestran que los estilos de apego tempranos pueden predecir patrones de comportamiento en la edad adulta.

CARACTERÍSTICAS DEL APEGO SEGURO

Los niños que tienen un apego seguro suelen alterarse visiblemente cuando sus cuidadores se van y se alegran cuando sus padres regresan. Cuando se asustan, buscan el consuelo de sus padres o cuidadores.

Aunque estos niños pueden ser consolados hasta cierto punto por otras personas en ausencia de un progenitor o cuidador, prefieren claramente a los padres antes que a los extraños.

Los padres de niños con apego seguro tienden a jugar mucho con sus hijos. Además, reaccionan más rápidamente a las necesidades de sus niños y, en general, son más receptivos con ellos que los padres de niños inseguros.

Los estudios han demostrado que los niños con un apego seguro son más empáticos en etapas posteriores de la infancia. Estos niños también son menos problemáticos, menos agresivos y más maduros que los niños con estilo de apego ambivalente o evitativo.

Como niño:
— Busca el consuelo de los padres cuando está asustado.
— Se alegra del regreso de los padres expresando emociones positivas.
— Prefiere a los padres antes que a los extraños.

Como adulto:
— Mantiene relaciones duraderas y de confianza.
— Tiende a tener una buena autoestima.
— Comparte sentimientos con compañeros y amigos.
— Busca apoyo social.

Aunque la formación de un apego seguro con los cuidadores es normal y esperable, no siempre ocurre. Hay una serie de factores que contribuyen al desarrollo (o a la falta de desarrollo) del apego seguro, en particular la capacidad de respuesta de la madre a las necesidades del bebé durante el primer año de vida.

Las madres que no responden con coherencia o que interfieren en las actividades del niño tienden a criar niños que exploran menos, lloran más y están más ansiosos. Las madres que rechazan o ignoran sistemáticamente las necesidades de sus hijos tienden a criar niños que intentan evitar el contacto.

En la edad adulta, las personas con un apego seguro tienden a tener relaciones de confianza y duraderas. Otras características de las personas con un apego seguro son una alta autoestima, el disfrute de las relaciones íntimas, la búsqueda de apoyo social y la capacidad de compartir sentimientos con otras personas.

CARACTERÍSTICAS DEL APEGO AMBIVALENTE

Los niños con apego ambivalente tienden a desconfiar mucho de los extraños. Estos niños muestran una angustia considerable cuando se separan de uno de sus progenitores o de su cuidador, pero no parecen tranquilizarse ni reconfortarse con su regreso. En algunos casos, el niño puede rechazar pasivamente al progenitor negándose a aceptar su consuelo o puede mostrarse abiertamente agresivo hacia él.

Según Cassidy y Berlin,[4] el apego ambivalente es relativamente infrecuente. Cassidy y Berlin también descubrieron que la investigación relaciona sistemáticamente el apego inseguro ambivalente con la baja disponibilidad materna. A medida que estos niños crecen, los profesores suelen describirlos como pesados y excesivamente dependientes.

---

4 Berlin, L.J. et al., *Enhancing Early Attachments*, Guilford, Londres, 2005.

Como niño:
- — Puede desconfiar de los extraños.
- — Se angustia mucho cuando los padres se van.
- — No parece reconfortado cuando vuelven los padres.

Como adulto:
- — Reacio a acercarse a los demás.
- — Le preocupa que su pareja no le quiera.
- — Se angustia mucho cuando termina una relación.

En la edad adulta, las personas con un estilo de apego ambivalente suelen ser reacias a acercarse a los demás y temen que su pareja no corresponda a sus sentimientos. Esto conduce a frecuentes rupturas, a menudo porque la relación es fría y distante.

Estos individuos se sienten especialmente angustiados tras el fin de una relación.

CARACTERÍSTICAS DEL APEGO EVITATIVO

Los niños con estilo de apego evitativo tienden a evitar a sus padres y cuidadores. Esta evitación suele ser especialmente pronunciada tras un periodo de ausencia.

Puede que estos niños no rechacen la atención de su progenitor, pero tampoco buscan su consuelo o contacto. Los niños con un apego evitativo no muestran preferencia entre un progenitor y un completo desconocido.

Como niño:
- — Puede evitar a los padres.
- — No busca el contacto o consuelo de los padres.
- — Muestra poca o ninguna preferencia por los padres frente a los extraños.

Como adulto:
- Puede tener problemas con la intimidad.
- Expresa poca emoción en las relaciones sociales y románticas.
- No quiere o no puede compartir pensamientos o sentimientos con los demás.

En la edad adulta, las personas con un apego evitativo tienden a tener dificultades con la intimidad y las relaciones cercanas. No expresan sus emociones en las relaciones y experimentan poca angustia cuando una relación termina.

A menudo evitan la intimidad utilizando excusas (como tener que trabajar) o fantasean con otras personas durante las relaciones sexuales, que son ocasionales. Otras características comunes son la falta de apoyo a la pareja en momentos de estrés y la incapacidad para compartir sus sentimientos, pensamientos y emociones con la pareja.

CARACTERÍSTICAS DEL APEGO DESORGANIZADO

Los niños con un estilo de apego desorganizado no muestran un apego claro. Sus respuestas a los cuidadores son a menudo una mezcla de comportamientos, incluyendo la evitación o la resistencia. Son niños desordenados, que a veces parecen confusos en presencia de un cuidador.

A la edad de 1 año:
- Muestra una mezcla de conductas de evitación y resistencia.
- Puede parecer aturdido, confuso o aprensivo.

A los 6 años:
- Puede asumir un papel parental.

— En algunos casos, puede actuar como cuidador del progenitor.

Como adulto:
— Prefiere la soledad, aunque desea tener pareja.
— Obsesionado con el orden y la estructura.
— Incapacidad para expresar sus emociones.

Es posible que este tipo de apego se deba a un comportamiento incoherente por parte de los padres. Los padres que actúan como figuras tanto de miedo como de consuelo para un niño contribuyen a un estilo de apego desorganizado. Como el niño se siente a la vez reconfortado y asustado, se produce confusión.

El apego desorganizado es evidente en momentos de gran ansiedad/emoción, especialmente para quienes padecieron abusos emocionales o inestabilidad en la infancia. Prefiere la soledad y no expresa sus emociones.

Puede parecer impulsivo debido a su falta de comprensión de lo que es la estructura y el orden. Aunque desean vivir una vida estable y sin caos, su única comprensión incluye una base caótica, lo que les predispone a repetir los patrones tóxicos.

SEGURO	AMBIVALENTE
Confianza	Relaciones ambivalentes, cercanas o frías
Expresa sus emociones	Timidez
Buena autoestima	Miedo a que el otro no le quiera

EVITATIVO	DESORGANIZADO
Problemas con la intimidad	Falta de confianza
Dificultad para expresar emociones	Necesita soledad
Se evade trabajando mucho	No expresa sus emociones

Aunque el apego en las relaciones de pareja en la edad adulta puede no corresponderse exactamente con el de la primera infancia, no hay duda de que nuestras primeras relaciones con los cuidadores influyen en nuestro desarrollo.

Tras esta breve introducción, vamos a profundizar en cada tipo de apego y sus subtipos.

3

EL APEGO SEGURO

Lo que va a determinar un apego seguro en la infancia es la «confianza básica», la percepción de que la vida te proporciona todo lo que necesitas para sobrevivir y te ha dotado de los medios suficientes para conseguirlo. No estoy hablando de una creencia, sino de una sensación, algo que das por hecho sin pensar.

Cuando un bebé llega al mundo sabe que todo lo que necesita está ahí: una madre que lo cuida, el oxígeno que respira, el alimento que recibe, etc. No tiene que hacer nada más que existir para recibirlo. Siente la seguridad de que tiene todo lo que le hace falta para estar en el mundo y ser feliz.

Esta confianza básica se va perdiendo a medida que crecemos. El bebé o el niño conecta con el miedo a desaparecer, ya no da las cosas por hechas, siente que tiene que hacer algo si quiere sobrevivir, y ese «algo» son las estrategias de apego.

La confianza básica forma parte de la autoestima: el amor y el cuidado pueden venir de nuestro interior, no tenemos por qué esperarlo de los demás. Desde ahí expresamos también el amor hacia el prójimo. Cuando tenemos una buena autoestima, no pedimos amor, sino que lo compartimos.

No necesita tener pareja

Lo que caracteriza el apego seguro en la edad adulta es el deseo de tener pareja, no la necesidad. Sabemos que podemos estar bien sin esa persona si las cosas van mal y que hay más personas en el mundo que desearían tener una relación con nosotros, porque somos deseables y dignos de amor. Estamos seguros de que nunca nos faltará nada.

Confía

Una persona con apego seguro no vive sus relaciones de pareja con miedo. Da por hecho que la otra persona está ahí porque lo desea, no hay ninguna razón para estar alerta. Sabe que si sucede algo y se termina la relación deberá atravesar un duelo, pero lo superará. No hay ninguna amenaza real a su supervivencia.

Prefiere romper que sufrir

Si la relación se convierte en un problema, tratará de solucionarlo, pero no a cualquier precio. Si su pareja no le trata bien o simplemente deja de quererle, prefiere romper que sufrir. Cuando aparece un conflicto se hace responsable de sus propias emociones, de sus propias decisiones, no depende de lo que haga su pareja. Si el otro le hace daño se defiende, pero sabe que nadie le obliga a estar ahí. Por eso decimos que el apego seguro es libertad: no eres prisionero ni esclavo de tus emociones o sentimientos. En el apego inseguro estás a expensas de comportamientos reactivos e impulsivos y no puedes tomar las decisiones correctas, porque el miedo y la ansiedad te anulan.

Equilibrio entre autonomía y vínculo

Hay un punto de equilibrio sano entre la autonomía y el vínculo. «No necesito que vivas para mí ni yo voy a hacerlo para ti, sino que convivimos en una relación y compartimos experiencias. Hay vida fuera de la relación. Disfrutamos de la intimidad y somos capaces de entregarnos sin crear dependencia, porque contamos con otras maneras de disfrutar».

Comparte sus emociones

Las personas con apego seguro se sienten bien compartiendo sus emociones y sus sentimientos. Pueden mostrar su vulnerabilidad porque confían en su pareja, siendo conscientes de que alguna vez puede fallar, cambiar, dejar de quererlos y herirles. Todo el mundo teme sufrir y que las cosas vayan mal, pero los seguros saben que se recuperarán, que disponen de los recursos necesarios para superar cualquier problema y que, si lo necesitan, hay personas que les pueden ayudar, porque no están ni solos ni desvalidos.

Cuando empiezan una relación no lo hacen desde la carencia. Su vida es satisfactoria sin tener pareja, por lo que no buscan en la relación un salvavidas emocional. La vida en pareja hace que todo sea mejor, pero no es la solución a sus problemas. Esto hace mucho más probable una relación estable y a largo plazo, porque no hay exigencias, expectativas ni idealizaciones. Es una visión realista de lo que es vivir en pareja, asumiendo que los conflictos son inherentes a cualquier relación y que hay que celebrar y agradecer los buenos momentos. Esta forma de verlo hace que los dos miembros de la pareja sean más conscientes: la relación debe ser cuidada, se debe invertir en ella, se debe construir y reafirmar, no hay que dar nada por hecho.

Cuando tienes un apego seguro no temes a la soledad, sabes que siempre podrás contar con personas que te acompañarán. Para ti la soledad es un estado temporal, que puede elegirse y que es una oportunidad para estar con uno mismo. Las personas con apego seguro tienen una buena relación consigo mismas. Saben disfrutar también de la soledad, de su propia compañía. Se sienten con derecho a ser felices y saben qué tienen que hacer para conseguirlo. No dependen de nadie y no sacrifican esa felicidad por nadie: la comparten como se comparten las cosas buenas, con amor y gratitud.

El apego seguro es el resultado de una infancia sin traumas, de tener unos padres que fueron conscientes de los cuidados emocionales que necesitábamos y que supieron hacernos sentir amados y atendidos. Pero esto, desgraciadamente, no es algo muy frecuente. Normalmente no es así. De modo que, un apego seguro es, la mayoría de veces, el resultado de la superación de las heridas de la infancia gracias a una buena inteligencia emocional. Todos podemos haber sufrido en la infancia, pero también hemos podido aprender a gestionar nuestras emociones de manera adecuada. Esa superación es lo que sienta las bases de la resiliencia para tener buenas relaciones y vivir con más conciencia.

Si no fue así, si nadie nos enseñó o no pudimos aprender a gestionar nuestras heridas, a partir de ahora podemos hacer un trabajo para adquirir los recursos emocionales que necesitamos. Nunca es tarde. Además, es precisamente en una relación de pareja donde tenemos la oportunidad de descubrir cuáles son nuestras carencias emocionales y donde disponemos de un espacio seguro para sanar y mejorar. La adversidad es, muchas veces, el mejor estímulo para desatar nuestro potencial como personas.

En su momento no aprendimos a curar nuestras heridas y a prescindir de la figura de apego. Pero entonces éramos muy pequeños y no teníamos esa capacidad. Necesitábamos a nuestros cuidadores, no podíamos actuar como seres autónomos. Pero ahora podemos ocuparnos y responsabilizarnos de nuestras necesidades emocionales, curar nuestras heridas y vivir con un estilo de apego seguro.

4

EL APEGO INSEGURO
«ANSIOSO AMBIVALENTE»

En toda relación de pareja, por lo general, se suele dar la misma dinámica: uno busca más el contacto que el otro, es más emocional, necesita o desea más intimidad y expresa más el afecto; el otro, simplemente se deja querer o se resiste un poco a expresar su afecto. A veces se intercambian los roles, dependiendo de las circunstancias, pero todos nos podemos identificar con uno u otro en algún momento. Arquetípicamente, el primer caso corresponde a la parte femenina y el segundo a la masculina, por eso es más fácil entender los patrones de apego desde la diferencia de género. Las mujeres han sido educadas para ser más emocionales, los hombres para reprimir sus sentimientos. Aunque, afortunadamente, esto está cambiando.

Cuando hacemos referencia a un estilo de apego «ansioso ambivalente» nos estamos refiriendo a quien tiene un papel más emocional en la pareja. Su motivación principal es sentir seguridad buscando la confirmación de que la otra persona está disponible. Dicho de otro modo, necesita confirmar que su pareja le quiere cada vez que tiene dudas, algo muy frecuente y que se da a partir de cualquier circunstancia o cualquier señal que interprete como una amenaza al vínculo.

Vamos a diferenciar varias características importantes que definen este tipo de apego:

La necesidad de intimidad

Un impulso por estar con la otra persona todo el tiempo posible y, si puede ser, en contacto físico. La intimidad calma la inseguridad, es la manera de conectar emocionalmente y sentir el vínculo. El problema es que la búsqueda de seguridad e intimidad acaba siendo una obsesión que puede agobiar a la otra persona, haciendo que se retire si se siente saturada o invadida, y al hacerlo empieza a sentir inseguridad, perpetuando así un círculo vicioso: cuanto más se retira uno más intimidad reclama el otro; cuanta más intimidad busca este más se agobia y se retira el otro.

La necesidad de intimidad puede acabar siendo una obsesión. Los momentos compartidos se valoran según la profundidad de la intimidad. Si la pareja se comporta de forma superficial se interpreta como una falta de amor y todos los espacios compartidos se tratan de utilizar para intimar. Un simple encuentro social se puede convertir en una amenaza si la pareja se relaciona con otras personas en vez de permanecer al lado del ansioso ambivalente.

Cuando tienen necesidad de hablar de cómo se sienten, pueden explicar lo que les ha sucedido, con quién han hablado, qué han hecho o dónde han ido, cómo se sienten hoy o cómo se han levantado. Haciéndolo sienten la conexión con su pareja. Si el otro no hace lo mismo, si no le cuenta nada, sienten que les falta algo, que no tiene interés o que se está enfriando. La búsqueda de intimidad les reconforta y confirman que su pareja está ahí.

Otras veces, esa necesidad de intimidad se muestra en forma de abrazos, caricias, besos, también durante las relaciones sexuales. El contacto físico es muy importante. Calma su ansiedad y es en los espacios de intimidad donde pueden encontrarlo, por eso estas personas suelen buscarlos. Esto es algo muy sencillo de entender si pensamos en un niño en brazos de su madre. Así se calman los niños y también muchas personas: para ellos, un simple abrazo puede cambiarlo todo.

Las relaciones sexuales

Para las personas con apego ansioso ambivalente el sexo es una vía directa a la intimidad, el contacto físico y el afecto. Suelen confundir el amor con el deseo sexual, tanto para sí mismos como para su pareja. Por lo tanto, es frecuente que se sientan frustrados si su pareja se limita a realizar el acto, pero no dedica tiempo a expresar cariño de alguna forma. El sexo es menos genital, son más frecuentes las caricias, las miradas, los preliminares, los abrazos al finalizar, etc. Son espacios donde estas personas conectan con sus emociones, sienten el vínculo con profundidad.

También es relativamente frecuente que las personas con apego ansioso utilicen el sexo para conquistar y conectar. Saben que es un poder de atracción que engancha al otro y le mantiene cerca. También pueden utilizar el sexo para conseguir recibir cariño, utilizando esos espacios eróticos como una oportunidad de intercambio, de muestras de afecto y de placer sensual. Además, es muy fácil que interpreten o experimenten la falta de relaciones sexuales en la pareja como un abandono.

La sensación de inseguridad

En el apego ansioso ambivalente se siente el impulso de tener siempre la atención en la pareja, cuando está y cuando no está, pensando en qué estará haciendo, qué estará pensando, a qué hora llegará, cuánto falta para vernos, etc. Es como si temiese que en cualquier momento se rompiera el vínculo y necesitase sentir la conexión de alguna manera, como si no pudiera pensar en otra cosa temiendo lo peor, un estado de alerta vigilante que ve amenazas con demasiada facilidad: si llega un poco tarde, si no contesta a un mensaje o si está hablando con alguien que le podría gustar; otras veces, cuando el otro está triste o enfadado, se obsesiona pensando si será porque le va a dejar o ya no le quiere, quizá está molesto con él. Otras veces simplemente está pendiente de si le presta atención o no. Si no lo hace piensa que ya no le gusta, que ha engordado, que está envejeciendo, que el otro se ha cansado de él, etc. En ocasiones simplemente son celos. Cada vez que aparece una tercera persona piensa que puede quitarle a su pareja o puede gustarle más que él, porque es más atractiva o interesante. Cualquier cosa puede ser una amenaza y no consigue relajarse nunca.

En general, esta sensación de inseguridad se convierte en una necesidad de controlarlo todo, de que no se le escape nada, porque no solo tiene miedo a que le dejen, sino que le aterroriza no verlo venir, que ocurra de golpe, mientras está confiado.

La manipulación

Con tal necesidad de control, no pueden evitar tratar de convencer a su pareja de que no les quiere lo suficiente y que debe esforzarse más. La persona con apego ansioso «lleva la cuenta» de cuánto le quiere el otro, qué hace por él, cómo lo demuestra, cuán cariñoso es, cuánto tiempo pasa con ella. Lo manifiesta con quejas, reproches, acusaciones, lamentos y argumentos enfocados a que la otra persona cambie, que se vuelva más como él, que le quiera tanto como la quiere él. Pero el otro nunca ama lo suficiente: de este modo, la persona con apego ansioso cree estar en poder de la continuidad del vínculo para llevar la relación hacia donde ella quiere. Acaba siendo, en muchos casos, una necesidad insaciable de intimidad que suele cansar al otro, por mucha buena voluntad que le ponga. Puede llegar a ser una demanda insostenible y no realista que, en el mejor de los casos, solo se sostiene durante un corto período de tiempo.

Otras veces lo expresa desde la razón. Pretende demostrar que su forma de querer es la correcta, insinuando que el otro está fallando, que no sabe amar, que no sabe lo que es una relación de verdad. Esto es más que un intento de manipulación porque proyecta culpa. Es una exigencia inflexible que no da margen al otro y que no es realista en las posibilidades de acercamiento de posturas.

También es una manipulación, muchas veces, la manera en que muestra el afecto, creyendo de forma más o menos inconsciente que si quiere mucho a su pareja, si se lo demuestra, si la hace muy feliz, si se da cuenta de lo que es capaz de hacer por ella, si lo da todo, recibirá ese amor que tanto ansía a cambio. Pero esta actitud no siempre es lo que parece: es dar esperando recibir algo a cambio, y si esto no llega se siente frustrado, triste y herido, pero también experimenta desprecio y rencor. Como decía más arriba, no siempre es amor todo lo que lo parece. En este caso, se trata básicamente de una necesidad de apego.

La necesidad de tener pareja

Las personas con un estilo de apego ansioso ambivalente suelen decir que son incapaces de ser felices sin tener pareja. Conciben la felicidad como algo que se siente cuando existe esa conexión emocional que tanto desean. Si no tienen pareja sienten la necesidad de encontrarla, y cuando encuentran una persona que les gusta fantasean muy rápidamente con tener una relación. Si no la encuentran, no consiguen sentirse bien del todo. Los momentos de soledad se les hacen muy difíciles. Creen que no pueden ser felices sin estar con otro.

Cuando encuentran pareja se emocionan con mucha facilidad. Esto se traduce en que, una vez iniciada la relación, se vuelcan en el otro perdiendo el interés por todo lo demás. Las demás relaciones pasan a segundo plano o se pierden, el trabajo no les llena, las ilusiones solo son válidas si son en pareja. Además, les cuesta mucho aceptar que el otro tenga sus propios intereses, que salga con amigos, que quiera hacer cosas solo, que pase demasiado tiempo en el trabajo, que esté a su lado pensando en cosas que no tengan relación con ellos... Tienen una gran necesidad de sentirse importantes para la otra persona. Si perciben que hay algo que al otro le importa más, se sienten amenazados y lo interpretan como una falta de amor. Necesitan ser el centro de la vida de su pareja, porque esta lo es para ellos. No hay nada más importante, el amor lo es todo, su pareja tiene que serlo todo. Es como si la vida solo tuviera sentido con esa persona.

Puede parecer algo exagerado pero, en muchos casos, para estas personas la relación es como una tabla de salvación. Cuando tienen pareja se aferran a ella como si les fuera la vida y el simple pensamiento de perderla les produce una ansiedad insoportable. El miedo a la soledad está siempre presente. Perder una relación les conecta con la herida de abandono, con una sensación tan dolorosa que creen que no lo van a soportar. Necesitan a su pareja y no pueden perderla. Ese es el miedo nuclear de este estilo de apego.

La intensidad del vínculo

Es muy llamativa la manera en que una persona con este tipo de apego comienza una relación. Hay una impulsividad emocional muy importante. No tarda nada en empezar a tener sentimientos intensos, tiene una gran facilidad para enamorarse, para sentir un flechazo o para identificar a alguien que acaba de conocer como a su media naranja.

Tiene la sensación de que si el afecto es muy intenso todo va a ir bien. Los problemas se resuelven o pasan a un segundo plano. Si el otro tiene algún defecto o se percibe alguna incompatibilidad, no importa. Él piensa: «como nos queremos tanto, todo se va a solucionar». O, «como le quiero tanto, cambiará». La intensidad se interpreta como amor. Si el amor es intenso nunca me abandonará.

Esto, por otro lado, comporta un problema de comparación. Si el otro no siente la misma intensidad, crees que es porque no te quiere. Le reclamas intensidad, pero no puede manifestarla porque, simplemente, no es como tú. Entonces decides que, en vez de reducir tu intensidad, vas a ser aún más intenso a fin de despertar la intensidad del otro. Pero esto puede llegar a suceder solamente en momentos puntuales. Después vuelve la carencia, la decepción y la frustración. No entiendes por qué el otro te dice que te quiere y no muestra esa intensidad. Por mucho que te asegure que te ama, no te llega, no lo acabas de creer y saltan todas las alarmas. La intensidad se puede traducir en drama y en tragedia, en victimismo, en acusación, incluso en odio. Y si la relación se rompe, también lo hace con intensidad. Muchas veces esto es un reflejo de la ansiedad, de esa necesidad imperiosa de sentir la conexión emocional. Y esto no es amor, sino lo que solemos llamar un «enganche», una especie de droga emocional de tintes románticos que con el tiempo no se sostiene. La intensidad puede ser muy deseable, pero debe estar acompañada de otros ingredientes en la relación. La intensidad no es la relación, es un elemento más que la define y debe dejar espacio para otros.

La represión de las emociones

Es muy frecuente que la persona con apego ansioso trate de omitir sus necesidades en la relación por miedo a la reacción de su pareja. Aquí, el problema radica precisamente en que la represión emocional es uno de los principales desencadenantes de la ansiedad, y cuanto más reprimimos, más ansiedad acumulamos. Cuanta más ansiedad acumulamos más necesidad tenemos de la otra persona y, por tanto, más nos tenemos que reprimir para no alejarla, hasta que ya no podemos más y aparecen los comportamientos agresivos o depresivos.

Las personas con apego ansioso ambivalente tienen una mayor emocionalidad y, por tanto, una mayor necesidad de expresar sus emociones y compartirlas con su pareja. Esto supone a menudo el inicio del problema. Se percibe una diferencia. Tu pareja no es tan emocional como tú y no expresa igual el afecto. Entonces, tratas de reprimir tu necesidad de afecto por diferentes motivos, no solo por miedo a su reacción, sino también por no parecer débil o demandante, por ejemplo. Al principio no parece un problema, pero esa diferencia crece y se empieza a identificar como una carencia. El otro no está cubriendo todas tus necesidades puesto que no las considera importantes. Desde la carencia, la autoestima se ve dañada y se reprimen más emociones. Así comienza el círculo vicioso: si expresas tus necesidades, tu pareja puede sentirse presionada. Entonces tratas de no demandar demasiado y te reprimes intentando normalizarlo, pero esa represión pasa a convertirse en ansiedad, una mayor sensación de carencia y menos autoestima. En algún momento tienes que expresar tus emociones, porque no puedes más, y entonces tu pareja se vuelve a sentir presionada...

Otras veces el otro se muestra comprensivo y, con buena voluntad, hace un esfuerzo por ser más afectuoso, por expresar más emociones. Pero esto no se sostiene en el tiempo porque no está en su naturaleza, en su modo habitual de relacionarse. La persona ansiosa lo interpreta como una pérdida de interés, como si le dejaran de querer. Lo dice, se queja, pero llega un momento en que no quiere seguir demandando, se reprime y empieza el ciclo de nuevo.

En una relación de pareja, la sensación de tener que reprimir las emociones y los sentimientos es autodestructiva. No sabes si pides demasiado, si necesitas demasiado, si lo que te dan es lo normal, si va a cambiar, si te vas a acostumbrar. Todo son dudas y miedos. Mientras tanto, la ansiedad se apodera de ti y la relación se va deteriorando. Quieres hablar con el otro, pero ya lo has intentado antes y no has conseguido solucionarlo, no quieres insistir. Y te reprimes aún más...

Es muy importante entender que las necesidades emocionales de una persona con apego ansioso ambivalente no son las mismas cuando es víctima de la ansiedad y la inseguridad. Los ambivalentes viven la vida con más emocionalidad que los demás. Podríamos decir que no actúan de forma tan racional como otras personas. Cuando las cosas no van bien en una relación, la demanda emocional se incrementa y se exagera debido a la ansiedad, pero si el ansioso se propone trabajar en ello y reducir su ansiedad a niveles aceptables, sintiéndose seguro en la relación, sus necesidades emocionales serán más realistas. Es frecuente escuchar que estas personas necesitan demasiado, pero no siempre es así. El exceso se encuentra en su sensación de carencia. No es atención lo que necesitan, sino sentirse seguros.

¿QUÉ NECESITA UNA PERSONA CON APEGO ANSIOSO AMBIVALENTE PARA SENTIRSE MÁS SEGURA EN UNA RELACIÓN?

En primer lugar, estas personas viven en la duda permanente. Necesitan saber lo que su pareja piensa y siente. Por lo tanto, si nuestra pareja es ansiosa ambivalente podemos intentar compartir con ella, en la medida de lo posible, nuestros pensamientos sobre lo que hacemos, lo que vamos a hacer, el futuro de la relación, lo que pensamos del otro, lo que nos gusta, lo que nos gustaría, etc. De esta manera, nuestra pareja se sentirá más conectada en la relación y más segura. Más importantes aún son los sentimientos: es importante expresar afecto de manera habitual, tanto físicamente como con palabras, tener espacios de intimidad y dedicar tiempo a estar solos. A veces un simple abrazo, una caricia o tomarle de las manos es suficiente para que se sienta bien y, evidentemente, es algo que no requiere ningún esfuerzo. Además, todo esto es lo que espera de ti. Si no lo recibe siente que pasa algo malo y saltan las alarmas, disparándose su ansiedad.

También es muy importante validar sus emociones. A menudo sus muestras de afecto parecen excesivas y podemos tener la tentación de rechazarlas o despreciarlas. Las expresiones emocionales son la forma que tienen de conectar con los demás, especialmente con su pareja. Si se sienten rechazados lo interpretan como una ruptura del vínculo y es probable que insistan, como si estuvieran defendiendo la relación, como si sintieran que les van a dejar. Es fácil pensar, por ejemplo, en mensajes escritos con palabras cariñosas, en llamadas para preguntarte cómo estás o algo tan simple como que te pidan salir a pasear tomados de la mano; es su manera de confirmar la conexión y, si lo evitas, si simplemente no respondes de la misma manera, lo pueden vivir como un abandono. Al reclamar más afecto, su pareja puede responder con evasivas, como tratando de quitarle importancia, decir que no hace falta, que resulta empalagoso o que no se puede estar siempre expresando afecto porque las relaciones con el tiempo ya no lo necesitan; que es excesivo, que es una demanda exagerada o que no es normal. Esto le hace mucho daño al ansioso, porque lo interpreta como una falta de interés en la relación; una falta de amor.

Es necesario, por lo tanto, que se sientan escuchados al expresar sus sentimientos. De no ser así, lo recibirán como un desprecio, no solamente hacia el hecho, sino hacia ellos mismos, como si lo que les pasa, lo que sienten, lo que necesitan no fuera importante. Escuchar es también una manera de conectar. A menudo estamos pensando en otras cosas y no prestamos atención a nuestra pareja, y un ansioso ambivalente va a entender que esas cosas que atraen tus pensamientos son más importantes que él. Esto no siempre sucede de un modo tan simple, pero cuando una persona con apego ansioso trata de reclamar nuestra atención solemos resistirnos o retirarnos ante su insistencia, justo lo contrario de lo que deberíamos hacer si queremos evitar que su ansiedad escale. Hay que tener en cuenta que reclaman atención para calmar su ansiedad. Si se les atiende en ese momento sentirán más seguridad emocional. Al reclamar, en realidad, ponen a prueba el vínculo. Si obtienen tu atención saben que pueden contar contigo. No es necesario estar siempre presentes, pero sí cuando lo necesitan. Esa es su forma de conseguir seguridad.

En realidad, estas pautas deberían aplicarse en toda relación. O, por lo menos, deberíamos ser conscientes de que cuidar y mantener el vínculo emocional en una relación es lo más saludable para una pareja.

¿CUÁLES SON LAS SITUACIONES QUE DISPARAN SU ANSIEDAD?

Un recurso importante para gestionar mejor este estilo de apego es identificar los «disparadores», las cosas que hacemos o decimos que desencadenan la ansiedad de estas personas, a veces de manera súbita, otras veces poco a poco. Los disparadores generan las peores situaciones en la relación y, si no tomamos conciencia sobre ellos, suelen repetirse.

Imagina que tienes una relación en la que todo va bien. Un día, recibes una llamada de alguien del pasado. Inmediatamente, tu pareja piensa que esa persona representa una amenaza para vuestra relación. Te pregunta, pero tú no le das ninguna explicación. Esto hace aumentar sus sospechas. Si no hablas con él, tratará de rellenar esos huecos de información desde la ansiedad, imaginando cosas negativas. Te presionará, te acusará y no podrá calmarse hasta descartar la amenaza. No se trata de celos (al menos, no solamente). El problema está en la falta de comunicación, que él interpreta como que estás ocultando algo.

Has tenido un mal día, tienes un problema que resolver, te encuentras mal o cansado y cuando te encuentras con tu pareja se acerca y busca tu contacto, pero tú te apartas. No te apetece en ese momento. Le pides que te deje tranquilo o simplemente no reaccionas. Entonces saltan las alarmas y siente que ha ocurrido algo malo y necesita saber qué es, para averiguar si se trata de una amenaza para la relación. Estás cansado y no tienes ganas de darle una explicación, así que él ve aumentada la amenaza y su ansiedad se dispara.

Estos son dos sencillos ejemplos, pero existen infinidad de situaciones que pueden convertirse en disparadores de la ansiedad: no devolverle una llamada, no contestar un mensaje suyo, no cumplir un compromiso, rechazar sus propuestas de hacer algo juntos, encontrarte con un amigo y no presentárselo, evitar presentarle a tu familia, proponerle realizar actividades por separado...

Las mentiras, aunque no sean importantes, pueden disparar su ansiedad y crear desconfianza. Tu pareja pensará que si mientes una vez lo harás muchas más. A veces mentimos sin mala intención, o para evitar una situación incómoda; porque nos avergonzamos de algo y no queremos sentirnos expuestos o para proteger a terceras personas.

Las personas con apego ansioso siempre están buscando una garantía de que todo va bien, de que no hay amenazas a la relación. Por eso, cualquier duda hará saltar las alarmas.

Por supuesto, esto no significa que tengamos que dedicarnos a hacer todo lo que nos pida, sino simplemente que podemos anticiparnos a su reacción y tratar de evitarla dándole la información o la atención que necesita para que no interprete nuestra conducta como una falta de amor.

Sabemos que las personas con apego ansioso ambivalente suelen tener grandes dificultades con la soledad, que viven como algo insoportable o, en el mejor de los casos, como un vacío que no permite que nada les haga sentir bien. El miedo a la soledad tiene una relación directa con la herida de abandono, y conectar con ella les hace sentir un miedo atroz e irracional. Este estilo de apego está condicionado por una «herida de abandono».

LA AMBIVALENCIA

En el apego ansioso ambivalente, la ambivalencia hace referencia a la expresión de la rabia cuando el otro no se comporta de la manera deseada. Esto provoca enfado y agresividad, a veces incluso violencia. Así se muestra un comportamiento ambivalente, unas veces afectuoso y cordial y otras veces agresivo o molesto.

Imagina a un niño pequeño al que su madre no le da lo que le pide. El niño se queja, se enfada, patalea, golpea, recrimina, etc., hasta que lo consigue. Este comportamiento en la infancia denota una tendencia hacia este estilo de apego. Otros niños prefieren no pedir o no molestar. En cambio, el niño ambivalente necesita la atención de la madre y tratará de conseguirla de todas las maneras posibles. Si la madre no está disponible y, a pesar de reclamar su atención, el niño no consigue que le haga caso, chillará, romperá cosas, dejará de hablar o amenazará hasta conseguir que la madre lo atienda, aunque sea de malhumor.

Estos comportamientos se reproducen en la edad adulta en otros contextos. Hay personas que reclaman atención a sus parejas que, temiendo una reacción agresiva, hacen lo que les piden. Pero esto no deja de ser un comportamiento inmaduro que muchas veces acaba provocando el efecto contrario al deseado.

El estilo ambivalente suele confundirse con el desorganizado porque se manifiesta de una forma muy parecida. La diferencia entre uno y otro radica en que, en el apego desorganizado, encontramos también comportamientos propios del apego evitativo, cosa que en el apego ansioso es muy poco frecuente. Además, la ambivalencia acostumbra a tener el propósito de llamar la atención. El desorganizado suele ser más destructivo, tiene la clara intención de hacer daño y de terminar la relación.

El apego ambivalente se muestra a veces de una forma pasiva, difícil de percibir, pero victimista: se lamenta, llora, se resigna, etc. Otras veces se expresa a través de reproches, acusaciones, juicios, etc. Todo enfocado a atacar o acusar a la pareja por no recibir el afecto que necesita.

Descalificar al otro

Los celos son a veces el reflejo de una actitud ambivalente cuando su propósito es descalificar a la pareja. Utilizan los celos no solo para denunciarla sino también para denigrarla, acusándola de ser una mala persona por no amar lo suficiente o no actuar correctamente, aunque tal vez no haya hecho nada malo. Estas acusaciones provocan conflictos, pero no es esta su intención principal. En esta ambivalencia, lo que realmente se busca es llamar la atención y, a menudo, causar daño para lograr que la otra persona se sienta culpable y le preste más atención al otro.

Una persona con apego ansioso ambivalente es alguien que no solo siente ansiedad sino, muchas veces, también enfado y rabia. El enfado, a menudo, es fruto de la comparación entre el esfuerzo que pone cada uno en la relación.

En ocasiones, una persona siente que no es correspondida o que no recibe lo que considera justo o normal en la relación, produciéndose una reacción ambivalente cuyo origen es el mismo que en el caso anterior. Cuando se desea que la pareja sea cariñosa o atenta pero no lo es, puede surgir la dificultad de entregarse completamente, porque lo siente como un atentado contra su dignidad personal. Así que rechaza el acercamiento de la pareja como resultado de este conflicto interno pero, al mismo tiempo, espera que la pareja se sienta culpable y suplique el perdón.

Quiero que hagas lo que yo quiero

Estos comportamientos tienen un trasfondo de manipulación y aquí es donde radica la diferencia significativa con el apego desorganizado. Mientras que en el apego ansioso ambivalente la manipulación busca conseguir que la otra persona responda como uno quiere, en el apego desorganizado va más allá: la intención es destruir a la otra persona para evitar que vuelva a hacerte daño. Por tanto, la magnitud y la intensidad son diferentes en ambos casos.

La parte ambivalente del apego ansioso es la que más daño puede hacer en una relación, especialmente cuando la pareja tiene apego evitativo, miedo al rechazo y dificultades con las emociones intensas. Desde esta ambivalencia se ataca, se juzga y se descalifica a la persona con apego evitativo, lo que puede provocar fácilmente en ella la necesidad de alejarse. Además, el ambivalente suele percibir que, cada vez que se acerca, el otro se aleja, lo que refuerza la idea de que sus acusaciones están fundamentadas. Esta actitud puede generar en el otro una fobia a la cercanía. Es esencial comprender que, aunque las razones de la persona con ambivalencia puedan ser válidas, expresar el enfado, la indignación y el victimismo no mejorará la relación, sino que la deteriorará aún más.

La ambivalencia se experimenta en forma de conflicto interno: quieres acercarte a tu pareja, pero al mismo tiempo te enfadas porque no te hace caso. Si el otro tiene un apego evitativo optará casi siempre por retirarse.

Debemos aprender a aceptar que nuestra pareja es como es y da lo que da. A partir de ahí, podemos intentar negociar para solucionar los problemas. Si no es posible, es preferible rendirse en lugar de luchar y causar más daño. Nadie te amará de verdad porque lo necesites, lo pidas, trates de manipular, obligar o chantajear. Eso no es un amor real y no funcionará. El verdadero amor debe surgir de la libertad y la aceptación. Se puede amar siendo uno mismo y haciendo las cosas a tu manera, y esa es la única forma en que ese amor puede ser genuino y valioso.

Si no amamos desde ese lugar de libertad y aceptación, sino que nos vemos forzados a cambiar o adaptarnos, la tensión generará dudas sobre si el amor es auténtico. Esto deteriorará la relación con el paso del tiempo. Querer que alguien te ame desde la obligación o la presión no es deseable. El amor verdadero debe fluir libremente sin restricciones, y es fundamental reflexionar profundamente sobre esto en las relaciones.

5

LOS SUBTIPOS DEL APEGO AMBIVALENTE

Es un error frecuente y a veces grave pensar que todas las personas con apego ansioso ambivalente son iguales. No es así. Además, debemos considerar que hay tantas variaciones como personas, por lo que no debemos emplear un estilo de apego como una etiqueta ni sacar ningún tipo de conclusión sin profundizar lo suficiente. Muchas veces, esos prejuicios se utilizan como un argumento para no afrontar los conflictos, es decir: como identifico a mi pareja con un estilo de apego ansioso ambivalente, la responsabilizo de todos los problemas de la relación.

Según las estadísticas, se estima que alrededor del 25 % de la población tiene este tipo de apego. Pensar que todas estas personas se comportan igual sería un error. Al contrario, pueden ser extremadamente diferentes entre ellas. Lo único que tienen en común es que, en su manera de vincularse con el otro, sienten una inseguridad significativa, que algunas heridas de la infancia les despiertan ansiedad y que utilizarán diferentes estrategias para afianzar o recuperar el vínculo emocional con su pareja. Más allá de esto, sus rasgos de personalidad pueden ser completamente diferentes.

Dependiendo de la estrategia que utilice el ambivalente para conseguir el afecto de su pareja, podemos observar tres formas de manipular la relación cuando siente ansiedad porque no recibe la atención que espera. Para describir y comprender estas tres formas trataremos de describir cada una de ellas en tres subtipos: el complaciente, el victimista y el asertivo/agresivo. Esto, por supuesto, no es una ciencia exacta y no siempre ocurre de la misma manera. Una persona puede mostrar el comportamiento típico de un subtipo en un momento determinado y otras veces otro, según las circunstancias. Lo que nos interesa es comprender qué estrategia hay detrás de cada comportamiento, para entender lo qué está pasando y decidir cómo gestionarlo.

EL SUBTIPO COMPLACIENTE

Al primer subtipo lo llamamos «complaciente». Hace referencia a las personas que, debido a su propia ansiedad y su miedo a perder el vínculo, se esfuerzan exageradamente por complacer a su pareja. Se esmeran en ser agradables, bondadosos y detallistas, preocupándose por el bienestar y las necesidades del otro. Este comportamiento tiene como objetivo asegurar que la pareja no los deje. Creen que mediante la complacencia será menos probable que los abandonen.

Prestan mucha atención a su pareja, se esfuerzan por averiguar qué le gusta, qué la hace feliz. Es más fácil para ellos tomar decisiones si saben qué les va a agradar. De lo contrario, la duda les inquieta. Tomar una decisión propia, sin saber cómo se va a sentir el otro, parece arriesgado. Pueden acabar incorporando los gustos y preferencias de su pareja como si fueran propios, aunque esto implique sacrificarse, olvidarse de lo que a ellos les gusta.

Algunas de estas personas no saben qué hacer con su tiempo cuando están solas. Es tanta la atención que ponen en la pareja que no desarrollan intereses propios ni disfrutan de su tiempo libre. Se sienten mejor complaciendo al otro que haciendo algo para sí mismos. De ahí que frecuentemente se muestren invasivos, que traten de encontrar maneras de complacer o ayudar al otro para sentirse bien, hasta el punto de que el otro se siente agobiado.

Los complacientes tratan de ocultar y disimular su ansiedad y ambivalencia, mostrando una actitud positiva. Su insatisfacción va por dentro y a veces se puede expresar de manera agresivo-pasiva. Pero suelen interrumpir rápidamente estas reacciones, porque saben que mostrar una actitud negativa podría generar rechazo o cansancio en su pareja.

Cuando surge un conflicto, tienden a asumir la culpa para evitar enfrentamientos. En muchos casos temen más su propia agresividad que la del otro. Saben que si se enfadan y se dejan llevar pueden acabar expresando todo lo que se han guardado de forma agresiva, ofensiva o dañina hacia su pareja. En cambio, son muy capaces de aplacar el enfado del otro. Las personas complacientes aprendieron de pequeñas a no enfadar a sus padres, a ser buenas y tenerlos contentos.

A menudo, los complacientes se obsesionan con sus propias imperfecciones. Se esfuerzan constantemente en ser la pareja ideal para que el otro nunca se vaya. Esto a menudo es el resultado de una educación orientada al matrimonio. Lo encontramos sobre todo en mujeres que recibieron, de su madre o de las mujeres de la familia, el mensaje de que debían prepararse para encontrar un buen hombre y ser la esposa perfecta, para que ese hombre se quedase con ellas y les diese una familia. Para ellas, la ruptura de la pareja es un fracaso y hay que hacer cualquier cosa por evitarlo.

El complaciente ante todo busca tranquilidad. Su ansiedad de apego es tan intensa como la de otros subtipos, aunque no tan evidente a simple vista. Su deseo de complacer a la pareja y evitar el abandono puede llevarlos incluso a tolerar malos tratos con tal de no confrontar a su pareja y conservarla a su lado. Estos comportamientos se corresponden con la herida de humillación, que en ellos es más evidente que en los otros dos subtipos.

En muchas ocasiones, para el complaciente los malos tratos son algo sin importancia. No suelen darse cuenta de que son inaceptables hasta que la relación ya está muy deteriorada, sucede algo grave o su entorno consigue hacérselo ver. Es esencial identificar al complaciente porque, aunque pueda parecer inofensivo y aparentar felicidad, a largo plazo provocará problemas en la relación.

Su capacidad de aguantar puede ser un arma de doble filo, ya que suele hacer que parezca que todo va bien cuando en realidad falta espontaneidad e iniciativa. Complacer al otro no deja sitio para la pasión. No hay una implicación genuina, solo se hace lo que se tiene que hacer para mantener la relación. Esto puede llevar a la monotonía y el aburrimiento, otro elemento que a la larga contribuirá a su deterioro.

El nivel de ansiedad en esta categoría determinará cuánto están dispuestos a asumir y tolerar. Cuanto mayor sea la ansiedad, más podrán llegar a aceptar y aguantar con tal de mantener a su pareja cerca. Estas acciones pueden llegar a ser inaceptables para cualquier otra persona, pero para los complacientes, la necesidad de evitar la separación puede llevarlos a extremos insanos. Aunque no lo reconozcan abiertamente, su apego ansioso está siempre presente en su manera de relacionarse, y no siempre lo pueden ocultar.

Es muy llamativo escuchar a estas personas decir que cuando ya no aguantan más y se enfadan abiertamente, lejos de sentirse mal, se sienten liberadas. Es mucho lo que pueden aguantar y guardarse, pero cuando se acumula demasiado y explotan pueden terminar con la relación sin más, sin mucho drama y sin que su pareja ni siquiera lo haya visto venir. Sin embargo, más tarde la ansiedad reaparece y desafortunadamente muchos se arrepienten.

En situaciones de conflicto tienden a evitar enfrentarse y pueden decir que sí a todo con tal de evitar discusiones. No conectan con la importancia de que para resolver los conflictos y comunicarse abiertamente es necesario exponer sus necesidades y deseos. Aunque a veces pueda ser difícil calmar la ansiedad de estas personas (porque no la muestran), es importante asegurarse de que se sienten seguras y apoyadas, animándolas a expresar sus gustos y preferencias. Agradecer y valorar los gestos de complacencia que realizan y alentarlos a hacer cosas para sí mismos puede ayudarles a mostrar más alegría y satisfacción en la relación.

EJERCICIO EN PAREJA

*Cómo saber qué necesita
y desea realmente el otro*

Para saber qué necesita tu pareja realmente, un buen ejercicio es tomarse un tiempo para conectar, hablar de las cosas que os gustaba compartir en el pasado, así como de lo que hacíais antes de la relación o en la infancia. A partir de aquí es una buena idea hacer una propuesta para incluir alguna de esas cosas en la dinámica de la relación para compartirlas y poder descubrir también cómo hacer sentir bien al otro, y permitirle ser egoísta de vez en cuando.

También es una buena idea preguntar a otras personas del entorno de tu pareja. A menudo, estas personas sí expresan sus deseos y necesidades a sus familiares o sus amigos, con quienes se sienten más seguros. Así tendremos la oportunidad de sorprenderle, de ilusionarle y de que se sienta amado.

En resumen, la complacencia es una manera de manipular la relación con el objetivo de calmar la inseguridad. Aunque este subtipo parezca el que menos sufre, termina siendo muy autodestructivo. La autoestima del complaciente queda bajo mínimos y su dependencia es absoluta.

EL SUBTIPO VICTIMISTA

El siguiente de los tres subtipos del apego ansioso ambivalente es el que llamamos «victimista». En este caso, la persona muestra su ansiedad de manera directa, incluso dramática y dolorosa, expresando con frecuencia lo mal que se siente, cuánto sufre debido a la falta de atención de su pareja. Se enfoca en resaltar lo poco querida o valorada que se siente, mostrando siempre una actitud victimista. Esta forma de apego ansioso es bastante evidente. No se ocultan, más bien al contrario. Muestran de manera deliberada su ansiedad, su descontento y su dolor para manipular a su pareja y obtener su afecto.

Utiliza la culpa para manipular al otro. Busca el amor de su pareja haciendo que se sienta mal, esperando que se sienta culpable y que, para redimirse, se ocupe más de ella. A menudo, estas personas tienen una predisposición hacia el malestar. Tienden a ver la vida de forma negativa, sienten que el mundo no los hace felices, que tienen mala suerte, que a los demás les va mejor y que no se les valora lo suficiente. Esta actitud se traslada a la relación de pareja, donde buscan constantemente razones para confirmar que no son suficientemente queridos: «Nunca seré suficiente para él, por eso no me atiende, no me quiere y en cuanto llegue alguien mejor, me dejará».

Otras veces optan por no decir nada, esperando que su pareja adivine sus necesidades y expectativas, que intuya cómo se siente, que descubra lo que le gusta. En algunos casos no toman la iniciativa ni hacen propuestas a la espera de que las haga el otro, no proponen nada esperando que lo haga el otro, o esperan que se acuerde de las fechas significativas, que tenga detalles, etc. Y cuando la pareja falla, rompen el silencio y se quejan: «¿Lo ves, si yo no digo nada, tú...». Están esperando la ocasión de confirmarse como víctimas, con el fin de que su pareja les preste atención.

Calmar a una persona victimista es difícil, ya que su necesidad de atención es insaciable. Siempre pide más y se hace muy difícil que se sienta satisfecha, como si se resistiera a perder su papel de víctima a riesgo de que no les prestaran atención. Su ansiedad es muy intensa y reclama una gran intensidad en la respuesta de su pareja para sentirse correspondida. Pero, aunque reciba esa respuesta, algo que solo suele ocurrir al inicio de la relación, no se sostiene en el tiempo. Al principio, romantizan fácilmente la relación y se enamoran, pero en cuanto perciben cualquier fallo o descuido, algo que pasará inevitablemente antes o después, reaccionan con este tipo de comportamientos victimistas.

Este subtipo de apego ansioso presenta otro problema importante, ya que su necesidad constante de atención y validación puede ser abrumadora para la pareja. Es difícil satisfacer sus demandas, ya que nunca parecen estar contentos con lo que se les da. Además, su actitud de víctima perpetúa el ciclo de ansiedad y malestar. Los momentos de satisfacción plena son cada vez más escasos y se hace complicado encontrar una solución efectiva. El otro puede desmotivarse, ver la relación como una carga o tratar de alejarse.

También pueden llegar a romper la relación si se sienten poco atendidos y la ansiedad les hace insoportable la situación. Después de romper, pueden acusar a su pareja de ser la causante de la ruptura, hacerse de nuevo la víctima y esperar que les pidan perdón y regresen. La actitud victimista puede llegar a ser tan grande que no les permite ver el daño que hacen al otro y a la relación.

Como siempre, una buena comunicación es lo más importante para enfrentar este desafío y conseguir una relación saludable. Es muy difícil calmar esta ansiedad. Por eso es urgente hablar para tranquilizar a la persona que expresa este tipo de apego ansioso. Es fundamental hacerle comprender que una relación de pareja debe ser equilibrada. No se puede esperar que el otro esté permanentemente pendiente de ti, confirmándote su amor y asegurándote que no te dejará, mientras teme cometer algún fallo y debe defenderse de cada acusación.

El elemento más perjudicial para la relación es la culpa. Un comportamiento victimista conlleva una acusación constante hacia la otra persona. Adoptar el papel de víctima es poner a tu pareja en el papel de agresor, de mala persona, de mala pareja. Nadie se siente bien en ese papel y mucho menos si no es así. Si te comportas como víctima significa que estás acusando a tu pareja de algo despreciable. Si recibe este mensaje continuamente, acabarás viéndole así, como una persona despreciable. Y nadie se puede sentir amado por alguien que le ve de esa manera. Cada vez que surge un conflicto, la persona victimista recuerda a su pareja cuánto daño le hace. Es muy doloroso tener que asumir el papel de mala persona: poco afecto se puede expresar desde ese lugar. De nuevo aparece un círculo vicioso: a más victimismo, más desprecio; a más desprecio, menos afecto; a menos afecto, más victimismo...

Estas personas pueden llegar a límites muy neuróticos: caer enfermas, sufrir depresión o desarrollar trastornos autoinmunes. Inconscientemente, desarrollan dolencias con el fin de que su pareja se sienta tan mal que no sea capaz de abandonarlas. El victimismo es autodestructivo, se reafirma en el sufrimiento y se alimenta de la creencia de que, si te quieren, no te dejarán sufrir.

EL SUBTIPO ASERTIVO/AGRESIVO

El tercer subtipo es el que podríamos llamar «asertivo/agresivo». Aquí, el término «asertivo» tiene una connotación negativa. El asertivo no intenta calmar la ansiedad tratando de complacer a su pareja ni poniéndose en una situación de victimismo, sino intentando cambiar a la otra persona, situándose por encima de ella y criticándola constantemente. No tiene en cuenta cómo se siente el otro, y por eso decimos que es agresivo.

Además de centrarse en sí mismo, en sus necesidades o en cómo se siente, está constantemente vigilando a su pareja para reprenderla cada vez que comete un error. No es una buena pareja, se tiene que esforzar más, las cosas van mal porque no hace lo que tiene que hacer y si de verdad le quisiera estaría más pendiente de él. Los otros dos subtipos ansiosos ambivalentes se sienten menos valiosos que su pareja y no merecedores de amor. En cambio, el asertivo se coloca en una posición de superioridad, exigiendo demostraciones de amor y pretendiendo que su pareja cambie y se comporte como él quiere para satisfacer sus necesidades.

Esta forma de manipulación se da mediante la crítica, el reproche y la exigencia. La pareja debe cambiar para ajustarse a sus expectativas. Quieren tener razón y buscan información y argumentos que confirmen que ellos saben cómo debe ser una buena relación y cómo debería comportarse su pareja para quererlos adecuadamente. Son inflexibles, puesto que interpretan sus carencias como obligaciones para su pareja. Su manera de entender la relación es rígida. Creen que su manera de querer es la adecuada y que su pareja tiene que entenderlo y cambiar.

Es habitual que su pareja se sienta insuficiente. Los errores del pasado se utilizan para acusar. Las descalificaciones son constantes y a veces provocan cierto cansancio en el otro por no poder encontrar paz en la relación o porque, hagan lo que hagan, siempre reciben quejas. Los reproches se eternizan, pueden normalizarse como una forma de presionar a la pareja. Piden explicaciones por todo y es muy probable que se muestren celosos.

Tienen una gran necesidad de control, más o menos exagerada en función de la ansiedad que estén soportando. Recordemos que el estilo de apego inseguro responde siempre a un intento de calmar la ansiedad. El asertivo se calma con vehemencia y puede llegar a ser insoportable.

La descripción que acabo de hacer de un asertivo es exagerada y extrema, a fin de ejemplificar esta tipología. Pero también encontramos a asertivos que tienen una relación sana con su pareja, como en cualquier otro estilo de apego.

La forma de compensar la baja autoestima de este estilo de apego es tratando de sentirse importantes y valiosos o indignándose y enfadándose cuando no se les trata como tales, ya que necesitan demostraciones constantes y claras de que la pareja los quiere y los valora. Sin embargo, por mucho que la otra persona se esfuerce, se convierte en una dinámica insostenible y poco efectiva, ya que no conseguirá satisfacer todas sus necesidades emocionales a largo plazo. Nadie es capaz ni puede estar dispuesto a cumplir este papel a lo largo del tiempo.

Es frecuente que estén enfadados, que pongan mala cara por cualquier cosa, que esperen que les pidan perdón por algo, que pongan a prueba a su pareja para ver si hace lo que esperan que haga, etc. Les resulta muy difícil relajarse. El enfado es una forma de manipulación que les cuesta mucho soltar. Y, por supuesto, estos enfados pueden llegar a ser muy violentos.

En este subtipo encontramos a muchas personas narcisistas o, en cualquier caso, personas con tendencia a mostrar comportamientos narcisistas en la relación. Es frecuente que exijan, que descalifiquen, que den instrucciones y que rebajen a su pareja mostrándose superiores. En muchos casos son personas que necesitan una dedicación plena, sean cuales sean las necesidades o los motivos que tenga su pareja para actuar así. Pueden llegar a hacer sentir a la otra persona que tiene un problema o un trastorno, que no sabe amar ni estar en una relación, que si no les hace caso nunca estarán bien, porque toda la culpa es del otro. A veces muestran pretensiones exageradas, como «si me quisieras, vivirías pendiente de mí».

En estas personas, la ansiedad se transforma en agresividad. Aquí encontramos la manifestación más clara de la «ambivalencia» en el apego ansioso, por ello se puede confundir este subtipo con el apego desorganizado. A veces reaccionan desmesuradamente, no escuchan y es muy difícil que se calmen o que mantengan una conversación pacífica. Pueden provocar que su pareja tenga miedo de decir o hacer cualquier cosa que no les agrade. Suelen mantener conversaciones muy acaloradas, con mucha vehemencia, que impiden al otro expresarse abiertamente. Sin embargo, ellos no lo ven así. Sienten que están explicando cómo se sienten e interpretan el silencio como una negativa a sus demandas; otras veces la pareja asiente, consiente o promete cosas con tal de terminar la discusión, y luego no puede mantener o ni siquiera recuerda esas promesas, lo que provoca más ira, más inseguridad y más ambivalencia en ellos.

Sienten que, al no ser queridos como deberían, el otro no se porta bien, lo que lleva a poner más atención en él, en sus fallos, en las cosas que creen que debe hacer y no hace. En estos casos, si queremos calmar su ansiedad, basta con cumplir con sus demandas y brindarles el afecto que te piden expresamente para que se sientan bien, satisfechos. Si tienen el control se sienten más seguros. Sin embargo, el problema no es solo la dificultad de tanto sometimiento, sino que antes o después volverán a ver un fallo y nuevamente aflorará esa asertividad o agresividad. Si es tu caso y en algún momento necesitas pensar en ti, en tus propias necesidades y deseos y lo reclamas, puede no estar de acuerdo e interpretarlo como una retirada.

Para calmar la ansiedad en estas personas y solucionar el conflicto vuelve a ser necesario tratar de alcanzar un equilibrio en la relación. Debemos hablar con ellos y expresar que, dentro de una pareja, ambos deben velar por el bienestar y las necesidades del otro. No es una obligación de uno y un derecho de otro, ha de ser mutuo, ya que todos tenemos necesidades y deseos que deben ser tomados en cuenta. Va a ser fundamental encontrar un equilibrio en el que ambas partes se sientan atendidas, valoradas y legitimadas en su manera de amar y que las conclusiones sean fruto de acuerdos y negociaciones, no de imposiciones, acusaciones o exigencias.

En cualquier caso, y en cualquiera de los tres subtipos, tenemos que comprender de dónde nace la ansiedad que provoca estos comportamientos. Los ambivalentes viven la relación con inseguridad, a veces con angustia. Si podemos darles el afecto que necesitan se sentirán mejor y darán lo mejor de sí mismos. Las personas que piden mucho también pueden dar mucho, sobre todo cuando se sienten atendidas y satisfechas.

6

EL APEGO INSEGURO EVITATIVO

Lo que llama más la atención sobre este estilo de apego es que se da en personas que aparentan seguridad. Es algo paradójico y que nos debe hacer pensar. Si se comportan con tanta seguridad ¿por qué decimos que es un estilo de apego inseguro?

La clave está precisamente en ello. Los inseguros tratan de evitar precisamente eso, la inseguridad, y para conseguirlo evitan todo aquello que pueda hacerles sentir vulnerabilidad emocional. Las personas con un estilo de «apego evitativo» suelen tener dificultades con las situaciones de mayor intimidad y con el conflicto, siempre que impliquen una emocionalidad profunda. Precisamente estas son las situaciones más características de una relación de pareja. Por eso sus parejas suelen reaccionar con quejas y reproches, porque la evitación de algunas emociones se traduce en una carencia en la otra persona.

Entender a las personas con apego evitativo suele ser complicado, ya que no suelen expresar sus emociones. Más bien las ignoran, incluso para sí mismos, como si fueran un problema, algo que hay que evitar porque representa debilidad, sensiblería o dramatismo. Por lo tanto, si las ignoran para ellos mismos, tanto más para los demás y para su pareja.

En realidad, no son conscientes de ello. Están desconectados de sus emociones, por lo menos de aquellas que representen cierta vulnerabilidad, se comportan como si las hubieran eliminado de su repertorio. Pero todos sabemos que las emociones no se pueden eliminar, los evitativos tienen las mismas emociones que todo el mundo, así que también tienen necesidades emocionales, pero debido a su tendencia a reprimirlas también tienen muchas dificultades para satisfacerlas. Vamos a intentar entender el apego inseguro evitativo un poco mejor. Veremos las características más relevantes que definen este tipo de apego:

Reticencias a la intimidad

Precisamente porque evitan sus emociones más profundas, es en las situaciones de intimidad donde se sienten más perdidos. Estas reticencias no se suelen dar de manera clara al inicio de la relación porque el enamoramiento produce un efecto anestésico. Todo está bien cuando nos enamoramos. A medida que avanza la relación empezamos a darnos cuenta de que estas situaciones de evitación se convierten cada vez en algo más habitual. En momentos de intimidad, tanto física como verbal, no se dejan llevar, se retienen y tratan de evadirse. Da la sensación de que quieren evitarlos o de que acaben rápido. Otras veces simplemente no participan, como cuando le das un abrazo a alguien y no se mueve apenas o no responde con la misma fuerza que tú. Se quedan fríos, como si no supieran qué hacer. Y cuanto más insistes, más se retiran.

Se sienten invadidos muy fácilmente. Les incomoda la intimidad y la cercanía, no las pueden sostener mucho tiempo. Y ante la insistencia se ponen nerviosos, necesitan retirarse como el que necesita aire para respirar. Si les reclamas que son demasiado distantes actúan a la defensiva, como si su comportamiento fuera normal, y buscan argumentos para justificarse, algunas veces ofensivos.

Para estas personas, la intimidad no es necesaria en una relación, más bien al contrario. En la intimidad conectan con su vulnerabilidad, con las heridas emocionales del pasado a las que tanto temen. En los momentos de intimidad estas emociones se despiertan y con ellas la ansiedad, aunque es muy frecuente que ellos mismos no lo reconozcan. Han conseguido, a veces, enterrar tan profundamente estas heridas que prácticamente no son conscientes de ellas. Cuando va a aparecer la ansiedad se bloquean, no permiten que la emoción se manifieste y rápidamente salen de ahí o se muestran fríos e insensibles para protegerse.

La verdadera emoción que se esconde detrás de esta actitud es el miedo, pero la causa original es un sentimiento de rechazo, por lo que lo que están evitando, en realidad, es un posible rechazo. De este modo, podemos ver que todo se traduce en una situación paradójica: quieren querer y ser queridos, como todo el mundo, pero no se atreven porque anticipan un rechazo. Por eso es un estilo de apego: si no sintiesen esa necesidad de apego que todos tenemos, no se sentirían vulnerables ni necesitarían evitar ninguna emoción.

Las relaciones sexuales

Lo más llamativo, cuando hablamos de la sexualidad del apego evitativo, es la separación del sexo y el amor. Todos habremos visto esas escenas de película en que él o ella se levantan después del acto sexual, se visten y se van, como si ya no tuvieran nada que hacer ahí; y la otra persona les pregunta: «¿Me llamarás?».

Son personas que por lo general realizan el acto sexual conectando directamente con el placer y dejando fuera toda expresión afectiva. Por supuesto esto es una generalización, hay diferentes grados, como en todo lo demás, pero casi siempre nos encontraremos que no responden de manera proporcionada a las caricias, las palabras cariñosas, los abrazos, los preliminares, etc.

También es probable que desarrollen dificultades cuando en la relación sexual se hayan sentido insuficientes o defectuosos. La herida de rechazo se despierta con suma facilidad, pues estamos hablando de espacios de inevitable intimidad, aunque ellos traten de separarlos.

Por otra parte, esto influye en que a menudo prefieran relaciones sexuales esporádicas, sin vínculos sentimentales. Esto, unido a las frecuentes rupturas debido a su estilo de apego evitativo, hace que algunos de ellos decidan establecer solamente relaciones superficiales, en las que el sexo no implique ningún compromiso, sobre todo emocional.

Además, esta reticencia a la intimidad y la dificultad que comporta a la hora de los encuentros sexuales hace que los espacien demasiado, evitándolos de la misma manera que evitan otros espacios emocionales hasta que sienten la necesidad de satisfacer el impulso y buscan una aproximación con su pareja, la cual lo puede interpretar como un acercamiento emocional y después descubrir que todo vuelve a ser como antes, con la consecuente frustración y expresión de rechazo hacia el otro, lo que incrementa el problema.

Por supuesto, esta característica implica que pueden tener mayor facilidad para tener relaciones con terceras personas, fuera de la relación, evitando así el conflicto y pudiendo satisfacer sus necesidades sexuales sin adquirir ningún compromiso. Pero no es algo que excluya a otros estilos de apego, solo que es más fácil tener una relación extramatrimonial cuando no implica sentimientos.

En pareja, se comportan como un amigo o un compañero

A veces, su manera de entender las relaciones de pareja se parece a una amistad. A ellos les resulta más cómodo verlo así, y así lo expresan. Suelen ver a su pareja más como a un buen amigo que como su compañero sentimental. De hecho, es frecuente que tras una ruptura intenten recuperar la relación en esos términos: «sigamos como amigos», porque es la parte de la relación que más echan de menos y les tienta recuperarla sin el compromiso de la parte más emocional.

También es frecuente que los evitativos sigan manteniendo el contacto con sus exparejas. Les ayuda a combatir la soledad, a mantener los vínculos. Se acostumbran a llevar bien con ellas, pero no significa necesariamente que deseen retomar esas relaciones. Se trata más de una relación de camaradería. Pueden darse casos de personas evitativas que no tienen pareja, o tienen parejas esporádicas, pero mantienen amistad con varias exparejas durante mucho tiempo.

Ante los conflictos, dentro de una relación, es muy frecuente que en algunos momentos de malestar lleguen a esgrimir las bondades de alguna de sus exparejas como argumento. Lo utilizan como arma defensiva o acusativa, recurriendo a desagradables comparaciones.

Sin embargo, también es cierto que ellos mismos lo recuerdan así, olvidando las cosas negativas y recreando una imagen idealizada de esa persona del pasado, una imagen idealizada que también debieron utilizar con esa persona, cuya única finalidad es evitar lo que puedan sentir por su pareja, para poder verla de una manera más negativa y que les sea más fácil retirarse de la relación sin demasiado dolor emocional.

Evitación de los conflictos

Cuando surgen conflictos emocionales en los que se habla sobre sentimientos, sucede lo mismo que en los espacios de intimidad. El evitativo siente emociones que le provocan mucha ansiedad. Es habitual que no quiera tocar el tema, que espere que se olvide, que se comporte como si no pasara nada, incluso que niegue los conflictos con un «no es para tanto» o «está todo bien».

Cuando se presente un conflicto emocional, tratará de racionalizarlo. Si expones un problema sobre cómo te sientes a tu pareja evitativa (tristeza, ansiedad, preocupación, inseguridad, etc.), se centrará en todo menos en tus sentimientos. Te dirá que no tienes motivos para estar así, tratará de buscar soluciones o darte instrucciones. Buscará maneras de eludir el tema o de no implicarse, como si fuera algo que tienes que resolver tú.

Otras veces, si insistes en resolver un conflicto, puede empezar a evitarte o culparte de inventar los problemas, porque todo va bien. Otras veces actuará como si el conflicto fuera una manera de atacarle o de ofenderle. Se pondrá a la defensiva y te acusará de ser una persona problemática, quejosa, dependiente o demasiado sensible. Y, algunas veces, simplemente te ignorará. Te puede dejar de hablar, de mirar, incluso de escuchar. Hará que te sientas sola y el conflicto no se habrá resuelto, pero él no se verá afectado, como si no pasara nada.

Una de las situaciones más frecuentes en una relación con una persona de apego evitativo es la de los conflictos eternos, que nunca se resuelven, que evitan de manera indefinida. Lo van dejando, no quieren hablarlo nunca y cuando ha pasado un tiempo lo olvidan o dan por hecho que ya estaba resuelto, sin más. Su pareja suele estar pendiente de arreglarlo, espera que el evitativo quiera hablar, le reclama, pero este reacciona mal, no está disponible y le dice que ya lo hablarán otro día. Entonces decides esperar, no decirle nada para no presionarle, y cuando ha pasado un tiempo importante le recuerdas el tema y te dice que para qué lo quieres hablar ahora, que ya estaba olvidado y que la culpa es tuya por traerlo de nuevo.

No solamente evitan los conflictos, sino que te culpan a ti de crearlos...

Mayor comodidad en las relaciones superficiales

Dependiendo del subtipo de apego evitativo, estas personas suelen tener relaciones sociales en las que se muestran más naturales, alegres o espontáneos que con su pareja. Es también llamativo cómo muchas veces las prefieren. Aunque quieren que seas su pareja, a la larga sientes que prefiere estar con sus amistades o en el trabajo. Tienes la sensación de que no es tan amable, tan alegre o agradable contigo como cuando interacciona con otras personas.

Entonces, como pareja de un evitativo, desarrollas una sensación de estar en su vida como si no estuvieras. Muchas personas dicen sentirse «como un mueble más de la casa» al que pocas veces se le presta atención. Otras perciben que son una obligación para su pareja evitativa, un fastidio que le impide hacer todo lo que quiere o que está con ellos solo cuando no puede estar en compañía de otras personas, cuando no tiene nada mejor que hacer.

Desde su infancia, el evitativo ha intentado vivir sin necesitar conectar con esas emociones profundas y dolorosas. Las relaciones sociales son perfectas para ellos, ya que les permiten no exponerse demasiado, no mostrar sus partes «feas». Les sirven para tener más autonomía. Las relaciones sociales no son tan exigentes como las de pareja. No exigen exclusividad y, sobre todo, no te juzgan igual: si muestras solo lo bueno de ti, no te ven como quien te conoce en profundidad, con tus luces y tus sombras.

Poca expresión emocional

Pueden ser afectuosos en algunos casos, pero esa afectividad mengua a medida que la intimidad aumenta o aparecen los conflictos. Cuanto más cariño se le reclama, menos cariñoso es. Esto llama mucho la atención, porque no solo parece contradictorio, sino que provoca un gran malestar en la pareja. Cuando más lo necesitas menos recibes y, lógicamente, esto genera un círculo vicioso: a más reclamo menos afecto o más distanciamiento. Esta es quizá la escena más prototípica de una relación con una persona evitativa.

En algunos casos son personas que no expresan el afecto con su pareja de manera fluida, pero sí lo hacen con sus mascotas o con los hijos. Esto es muy revelador, porque refleja de manera clara el miedo que tienen a sentirse rechazados o juzgados. Los niños y los animales no te juzgan, te puedes permitir ser tú mismo sin exponerte. Y con la pareja es, precisamente, con quien deberías poder hacerlo.

Esta escasa expresión emocional se traduce muchas veces en una falta de interés por las emociones de su pareja. No quiere hablar del tema, no es importante. Si te sientes mal es culpa tuya. Como son capaces de reprimir sus emociones pretenden que tú también lo hagas. Según ellos, es lo que hay que hacer para no estar mal en la relación, así que, además de estar mal, expresar tus emociones o necesidades emocionales y no obtener consuelo, tienes que sentirte responsable de estropear la relación.

Esto se traduce como una falta de afecto, un desprecio. «No le importo, así que no me quiere». Cuanto peor te sientes emocionalmente, cuanto más necesitas a tu pareja, menos te atiende y, si insistes, te acabas sintiendo peor porque no solo no sientes que le importas, sino que sientes que le molestas, que te rechaza.

Otra de las razones por las que no expresan emociones es porque tratan de evitar la dependencia emocional. Para ellos la dependencia es un rasgo de debilidad. Desde pequeños se han esforzado por actuar sin depender de nadie. Suelen molestarse o despreciarte si tú muestras dependencia emocional hacia ellos. Además, lo ven como una carga que no quieren asumir. Para ellos es necesario tener intereses más allá de la relación (amigos, actividades, trabajo... que no hay que darle tanta importancia, tanto peso, a la pareja. Reclaman para ellos ese espacio, como una parcela personal fuera de la relación. E incluso se resisten a contar todo lo que hacen porque creen que corresponde a su intimidad, porque esa intimidad sí que la quieren, la suya, individual, y no la quieren compartir contigo. Valoran enormemente la libertad y no aceptan que les digan qué pueden hacer o no. Sin embargo, también esperan que tú hagas lo mismo. Te dan libertad y te dicen que esa es la manera más sana de tener una relación, que no se puede estar con la pareja todo el tiempo. Y esto se da en el mejor de los casos, porque no es poco frecuente que algunos adopten una actitud machista en la que ellos preservan su libertad, pero no te la conceden.

En la dificultad para expresar emociones también podemos incluir la dificultad para reconocer los celos. Para ellos es una debilidad. Si te muestras celoso te despreciarán, como cuando expresas cualquier emoción demandante. Pero cuando ellos sienten celos se sienten tan inseguros como los demás, aunque tratarán de disimularlo, no lo reconocerán y lo racionalizarán. Simplemente dirán que se han molestado porque lo que tú haces no es correcto.

Dificultad para reconocer sus errores

Las personas con apego evitativo tienen, por lo general, una baja autoestima, aunque no lo parece, puesto que aparentan seguridad y no expresan apenas sus sentimientos. Esa baja autoestima está relacionada con las heridas de la infancia, las mismas que le llevan a evitar conectar con sus emociones. Por eso tratan de evitar las discusiones: para no verse expuestos, para no sentirse juzgados o criticados.

Si discutes con él, verás que tiene una notable dificultad para reconocer sus errores. Incluso puede negar haber hecho algo, decir que no fue así, que no fue eso lo que dijo, etc. Si llegas a demostrar que se equivoca, cambiará de tema o se negará a seguir hablando.

De la misma forma, son personas que necesitan reconocimiento. Suelen esforzarse mucho y es así como buscan el amor de los demás. En su infancia se sintieron rechazados y trataron de compensarlo con acciones. En vez de reclamar el afecto de sus padres lo trataban de conseguir mediante méritos de algún tipo. Por eso se sienten especialmente mal cuando sus fallos o defectos son señalados. Se sienten amados en función de cómo son vistos por el otro.

Necesitan «su espacio»

Todos tenemos distribuidos nuestros intereses en parcelas. Dedicamos un tiempo al trabajo, al ocio, a los amigos, al descanso, a la pareja, etc. Las personas con apego evitativo suelen dedicar a la pareja una parcela más pequeña que las demás (una persona con apego ambivalente le dedica la más grande). Reclamarles más tiempo despierta en ellos la necesidad de proteger aún más el resto de parcelas.

El evitativo reclama ese espacio para sí mismo en forma de tiempo. Sus necesidades de intimidad, como hemos dicho antes, son menores. Para él el tiempo con la pareja no es muy necesario, y en cambio necesita mucho tiempo para sí mismo. Esto no quiere decir que no quieran estar con su pareja, pero les resulta difícil cederle más tiempo. Lo ven como una imposición que no entienden del todo y tratan de resistirse, proteger su autonomía y buscar más tiempo para estar solos o para sus intereses.

Las personas con apego evitativo necesitan regular sus emociones en soledad. Necesitan apartarse, calmarse, hacer introspección. Si no están solos no pueden hacerlo. Las personas más emocionales, por decirlo así, suelen encontrar el equilibrio en compañía, no les resulta cómodo estar solos. Necesitan a alguien en quien apoyarse, con quien desahogarse, etc. Pero cuando la persona evitativa se siente invadida en el momento en que su pareja le reclama, necesita retirarse. Cuanto más se acerque el otro más espacio necesitará el evitativo, provocando un círculo vicioso. Cuando este ciclo genera mucho malestar, les nacen dudas hacia la relación: no tienen claro si quieren seguir, sienten que necesitan ese espacio para reflexionar. A la pareja este espacio se le puede hacer eterno e insoportable. Es muy frecuente que se tome estos espacios sin avisar, que desaparezca un tiempo y reaparezca de pronto como si nunca hubiera sucedido nada. Y que vuelva a hacerlo al cabo de un tiempo.

Refuerzo intermitente

El hecho de que una persona con apego evitativo necesite su espacio implica un comportamiento variable. Unas veces te evitará, como si necesitara estar solo, y otras se acercará con normalidad. Si hay algún conflicto o dificultad tenderá a retirarse y cuando se sienta más tranquilo regresará como si no hubiera pasado nada. Esto conlleva un problema para la pareja, que puede vivir estas retiradas con cierta ansiedad. Claramente se trata de una dinámica adictiva. Cada vez que se retira o que deja de estar disponible, provoca ansiedad y genera malestar. Cuando la pareja expresa este desagrado, las retiradas se repiten y se hacen cada vez más largas porque el evitativo se siente invadido y presionado. En algún momento la persona evitativa volverá, actuará con normalidad y la relación se relajará, provocando en su pareja cierta sensación de alivio. De este modo, el ciclo retirada-regreso refuerza el círculo vicioso, ya que cada vez que hay un reencuentro se produce un subidón emocional. Es como una adicción a una sustancia que te hace sentir bien, aunque en realidad estás cayendo cada vez más en la dependencia. Esta es la razón de que muchas personas generen un apego ansioso y que este tipo de relación cree tanta dependencia. La vida puede convertirse en una eterna espera de reencuentros reconfortantes que, a medida que la relación se deteriora, se vuelven menos frecuentes, pero que te mantienen ahí, sin que seas capaz de ver con claridad lo que te está sucediendo.

Diferentes maneras de expresar el afecto

Los evitativos tienen los mismos sentimientos que todo el mundo, pero tienen dificultad para expresarlos. Sin embargo, pueden hacerlo de otras maneras, sobre todo con hechos y acciones. Como sabemos, en su necesidad de reconocimiento se han esforzado mucho por hacer méritos. Es su manera de buscar el amor que no recibieron. Así, cuando aman a su pareja, es frecuente que traten de ayudarla, de resolver problemas, de aportar economía, de apoyarla en sus proyectos. Suelen pasar mucho tiempo en el trabajo, lo cual puede generar descontento en su pareja, pero ellos no lo ven del mismo modo: trabajar es una manera de demostrar que se preocupan por la relación y por el futuro, en el que cuentan con su pareja. Pero hay que estar alerta: si ese tiempo en el trabajo se alarga cada vez más, puede que algo esté pasando.

A menudo el evitativo tiene el convencimiento de que estando ahí ya está demostrando su compromiso con la relación, por lo tanto no cree que sea necesario demostrar ningún afecto más. Es muy frecuente que ante la demanda de cariño e intimidad de su pareja su respuesta sea algo como: «si estamos juntos será porque te quiero»; «sabes que te quiero, ¿por qué tengo que estar demostrándolo?»; o «si no te quisiera no estaría contigo». Otras veces argumentan que en una relación de pareja solo se dan esos espacios de intimidad y afecto al principio, que lo normal es que todo se enfríe y que la relación se convierta en algo más rutinario.

En definitiva, los evitativos han aprendido a vivir sin necesidad de expresar emociones o sentimientos. Esto es normal para ellos y, pasados los primeros meses de la relación, es su forma de entender la dinámica de pareja.

Como siempre, todo es cuestión de grados. Cada persona es diferente y con el apego evitativo pasa lo mismo. Algunos evitativos muestran solamente alguna de estas características o de manera suave; otros son conscientes del efecto de su apego evitativo y tratan de mejorar; otros no son conscientes y no lo admiten nunca, con lo que siguen actuando siempre igual. Algunos tienen otros problemas de comportamiento asociados, como narcisismo, personalidad esquizoide o problemas de ansiedad.

Es relevante destacar que, a pesar de que estas personas parecen disfrutar de relaciones superficiales, en el fondo desean tener una conexión profunda con alguien. Aunque prefieran mantener cierta distancia emocional, no significa que prefieran la soledad. Anhelan una relación de pareja igual que los demás, pero experimentan una gran frustración si se ven incapaces de mantener una relación duradera. Esta dificultad de comprometerse emocionalmente puede llevarlos a la conclusión de que es mejor estar solos. Pero, en realidad, desean tener relaciones significativas y satisfactorias.

¿CUÁLES SON LAS SITUACIONES QUE DISPARAN SU ANSIEDAD?

Detrás de este estilo de apego hay una gran necesidad de control de las emociones. Todo aquello que active una emoción evitada provoca un bloqueo, la ansiedad se dispara y necesitan retirarse para recuperarse. Veamos cuáles son los principales disparadores de su ansiedad.

- **La demanda emocional.** Si se le exigen más muestras de afecto, mayor cantidad de tiempo va a necesitar para procesarlo.
- **La presión.** Si no encuentra ese tiempo y ese espacio, se bloqueará. Lo mismo que si recibe reproches o amenazas.
- **El menosprecio.** Si tu pareja es evitativa y desprecias su manera de relacionarse, de demostrarte su amor con gestos, detalles, ayuda, etc.; si insinúas que no te quiere, que no es una buena pareja, que no te hace feliz, que te hace daño, se sentirá juzgado y se bloqueará.
- **La exposición a los demás.** Si las quejas o las críticas se hacen delante de otras personas, las reacciones pueden ser aún peores: la relación se enfriará e incluso puede dejar de hablarte.
- **Ver amenazado su tiempo personal.** Si le pides más tiempo juntos y esto le resta espacio para sus cosas,

si la relación no va al ritmo que tú quieres y le pides más compromiso, si intentas entrar en su vida, en su familia, en su grupo de amigos, pero no está preparado para ello.
— **Sentirse perseguido.** Si se ha retirado, no te atiende, está dolido y tú le persigues, le presionas para hablar, para arreglar las cosas, pero no está preparado, se bloqueará.
— **Ver amenazada su autonomía.** Si le interrogas, le pides demasiadas explicaciones, violas su intimidad, le dices lo que puede hacer o no, con quién puede ir o no, etc. Si, de alguna manera, oprimes su autonomía, se bloqueará.
— **Conectar con emociones del pasado.** Si le interrogas sobre su pasado, sobre sus relaciones anteriores.
— **Sentirse acorralado.** Si se bloquea y le seguimos presionando, no encuentra salida y se siente acorralado, puede mostrarse agresivo o romper la relación. La emoción le colapsa y necesita acabar con el conflicto a cualquier precio.
— **La emocionalidad y la intimidad.** Si te muestras muy emocional, muy inestable, imprevisible, no podrá evitar alterarse. Al principio puede que no le moleste demasiado, en algunos momentos participará, pero acabará agotándose. Llegará un momento que tu emocionalidad le colapsará y necesitará retirarse para calmarse. Si te muestras muy cariñoso, estás muy encima suyo durante mucho tiempo o con mucha frecuencia, llegará un momento en que necesitará retirarse.

Nada de esto debe interpretarse como una limitación para la relación, sino como una información para anticiparnos a su reacción y seguirle a un ritmo adecuado, que no provoque su resistencia ni su retirada, a fin de que se sienta respetado en su forma de amar, puesto que la mayoría de los disparadores de su ansiedad están relacionados con una invasión emocional.

No obstante, no podemos olvidar que se trata de un apego inseguro. El evitativo quiere tener pareja, pero no se siente seguro en la relación. Detrás de esos sentimientos que evita se oculta la vergüenza, algo que les hace sentirse muy mal consigo mismos, a esperar ser rechazados, como si no fueran válidos para la relación, como si se percibieran insuficientes. Esta sensación de vergüenza nace de la herida de rechazo, originada normalmente en la primera infancia, que los ha llevado a evitar exponerse, mostrándose solamente de forma superficial y ocultando sus sentimientos más profundos para protegerse.

7

LOS SUBTIPOS DEL APEGO EVITATIVO

Al igual que con el apego ambivalente, podemos diferenciar tres subtipos de apego evitativo. No obstante, es importante recordar que estas categorías no son etiquetas fijas; una persona puede mostrar rasgos de más de un subtipo o una combinación de ellos. Es relevante destacar que, aunque los tres subtipos de apego evitativo tienen en común la evitación, cada uno la evita por razones diferentes, y esto marca una gran diferencia. A partir de aquí, podemos observar las consecuencias de cada tipo de comportamiento y cómo se abordan los problemas y se encuentran soluciones.

EL SUBTIPO NARCISISTA

Es frecuente escuchar que las personas con apego evitativo son narcisistas. No es así. Se trata de dos conceptos diferentes y confundir uno con otro puede ser muy perjudicial para la relación. Sin embargo, sí es cierto que muchas personas con apego evitativo pueden presentar comportamientos narcisistas, pero es decisivo diferenciar si estos comportamientos definen a la persona o si son incidentes puntuales que se dan durante los conflictos emocionales o en situaciones de ansiedad y estrés.

Para entender la diferencia es útil hacer una distinción entre los subtipos de apego evitativo. Si hacemos referencia a la persona con apego evitativo que tiene algunos comportamientos narcisistas, estamos hablamos del subtipo «evitativo narcisista». Aun así, lo que hay que hacer es analizar sus comportamientos, no etiquetar a la persona.

Si los comportamientos narcisistas son consistentes, habituales y predominantes, podríamos identificar a la persona como narcisista. Sin embargo, estos comportamientos pueden aparecer solamente en los momentos de mayor vulnerabilidad, cuando se siente expuesto o acorralado emocionalmente. No estoy insinuando que esos comportamientos sean adecuados ni aceptables, sino que no se pueden atribuir a la personalidad de ese individuo.

Ansias de poder

La reacción más común en su impulso de evitación es buscar el poder, situarse por encima de la otra persona mediante actitudes de enaltecimiento o intentos de hacer sentir mal al otro culpándole o tildándole de ignorante. En realidad, se trata de intentos de manipulación, algunos de ellos muy dañinos, como el *gaslighting*, una forma perversa de manipulación con la que no solo pretende ponerse por encima de la otra persona o destruirla, sino también convencerla de que está equivocada, de que no razona bien o tiene algún problema mental y es la causante de los problemas. Si tratas de defenderte de ellos, siempre consiguen desacreditar tu opinión mediante complicados o confusos argumentos, hasta que consiguen que dudes, te sientas culpable y te convenzan de que te tratan así por tu bien y por el bien de la relación.

Tendencia a mentir

Los comportamientos narcisistas incluyen también las mentiras. Por ejemplo, el evitativo narcisista puede afirmar que nunca ha tenido problemas en sus relaciones anteriores, que siempre han sido exitosas, lo cual suele ser mentira. Pero lo utiliza como argumento para culpar al otro de todos los conflictos. Puede distorsionar la realidad, contar cosas que no han pasado, negar algo que dijo anteriormente, poner en boca de otro palabras que no ha dicho, acusarle de cosas que no ha hecho o de inventarse otras. También suele hacer promesas, asegurar que hará algo que luego no hace y negar haberse comprometido a ello. Tú lo entendiste mal. Y si tratas de defenderte, te acusa de mentir o de tener problemas mentales.

Crea dependencia

Los aspectos narcisistas en la relación son los que más daño hacen y debemos estar alerta. Una característica muy tóxica del narcisista es crear dependencia, alternando entre la frialdad y la calidez. Te puede decir que te adora y al segundo siguiente despreciarte. Puede estar contento y conectado y a los dos minutos distante o ausente. Puede buscarte y luego abandonarte totalmente. Es un juego que le permite tener el control de la relación, no exponerse emocionalmente y mantener las distancias. En definitiva, es su manera de gestionar un estilo evitativo muy destructivo.

Se hace la víctima

También es frecuente que se haga la víctima, que exprese sufrimiento, que te diga que te necesita hasta conseguir lo que desea. Pero en cuanto conecta con la necesidad de evitación, vuelve a tratarte mal. La dependencia generada por el narcisista es destructiva y difícil de superar.

Tratamiento silencioso

Otro tipo de manipulación habitual es el tratamiento silencioso, una forma de romper toda comunicación en la relación. Se trata de una actitud pasivo-agresiva que expresa indiferencia y desprecio. Lo suele utilizar para castigar y debilitar. La frialdad provoca ansiedad en su víctima, que no encuentra respuesta a ninguna emoción y puede durar horas, días o semanas. Produce tal impotencia en su pareja que la va destruyendo poco a poco. El tratamiento silencioso es el preferido de muchas personas de este subtipo porque les proporciona lo que necesitan: evitar el contacto emocional, la intimidad, los conflictos, hablar de la relación, mirarte a los ojos. En definitiva, evitarte a ti.

Sabemos que las personas con apego evitativo necesitan su espacio, que a veces se retiran y se toman un tiempo, pero hay diferentes formas de hacerlo. Cuando el evitativo narcisista se va, suele hacerlo para pasarlo bien, disfrutar, irse de fiesta, quedar con amigos, etc. En cambio, otros subtipos se van simplemente porque no pueden enfrentar los conflictos y tienden más bien a retirarse en soledad o a volcarse en actividades como el deporte o el trabajo.

Después de una ruptura o una escapada vuelven y, cuando lo hacen, pueden exigirte que estés receptivo. Esperan que se lo perdones todo porque se han ido por tu culpa, y tú deberías mostrarte arrepentido. Así consiguen evitar el conflicto después de haberse marchado.

Una persona evitativa y narcisista puede dedicarle mucha atención a su pareja cuando está en presencia de otras personas. Les preocupa la imagen que dan y pueden mostrarse muy afectuosos delante de los demás. Para ellos, en muchos casos, su pareja es un adorno, alguien a quien lucir, sentirse orgullosos de ella. Pero en la intimidad no le prestan la misma atención. Es frecuente, incluso, que la pareja se sienta como un objeto que solo es utilizado cuando lo necesitan.

Otro rasgo diferente entre los subtipos es la empatía. Normalmente, las personas evitativas tienen poca empatía, pero el evitativo narcisista es un manipulador y aparenta ser muy empático. Observa atentamente a los demás para comprender qué necesitan, cómo se sienten, y así sacar beneficio. Es la razón por la que son tan hábiles a la hora de hacerte sentir bien. Detectan tus debilidades y las utilizan para conseguir sus propósitos. Unas veces lo hacen cuando te tratan de seducir, otras cuando te quieren convencer de algo. Es una empatía mental: comprenden las emociones del otro y saben cómo responder. Pero no es una empatía emocional. Es incapaz de sentirse identificado con tus emociones. El narcisista no es una persona empática, más bien todo lo contrario.

Otra de las características de este subtipo es que nunca reconocerá que es evitativo. Nunca aceptará que su estilo de apego es negativo, algo que tiene que cambiar, sino que culpará a su pareja y tratará de convencerla de que el problema es ella. «Tú eres la inmadura y tienes que cambiar».

A todas las personas con apego evitativo les cuesta admitir la culpa y los errores, pero al narcisista especialmente. Antes de hacerlo te culpará a ti, mostrará enfado e indignación y, probablemente, te castigará ignorándote o desapareciendo de nuevo.

Es muy importante tomar conciencia de estas dinámicas para evitar caer en relaciones tóxicas y dañinas y para poder diferenciar si estamos ante una persona que simplemente tiene un estilo de apego evitativo o además tiene comportamientos narcisistas, porque esto marca una diferencia radical a la hora de esperar que esta persona cambie. Los comportamientos narcisistas son muy resistentes porque sirven para mantener una autoestima elevada, por lo que rara vez desean cambiar. Si existe la posibilidad de arreglar la relación, es esencial quitarle el poder al narcisista para tener una relación sana y equitativa. Esto implica establecer límites firmes y claros. Si el narcisista los acepta, puede haber una oportunidad para avanzar y trabajar juntos. Sin embargo, si no colabora, la relación será insana y dolorosa, y suele ser mejor terminarla.

En conclusión, un apego evitativo combinado con narcisismo puede ser extremadamente difícil de manejar, y debemos evaluar si vale la pena intentar solucionar la relación o es mejor alejarse de ella.

SUBTIPO FILOFÓBICO

«Filofobia», literalmente, significa miedo al amor. En esencia, se refiere al miedo a quedar atrapado en el amor o, dicho de otra manera, al compromiso. Este subtipo evitativo reacciona sobre todo cuando se siente invadido, cuando percibe que está perdiendo cuotas de libertad.

Sin embargo, el miedo al compromiso no siempre se manifiesta por una negación a tener una relación de pareja, sino cuando se empiezan a establecer una serie de obligaciones y limitaciones. Esto despierta la ansiedad del filofóbico y necesita retirarse de alguna manera. Su miedo a que una relación se convierta en una prisión y no poder escapar es muy intenso.

Carácter social

Estas personas acostumbran a tener buenas relaciones sociales, especialmente en el trabajo. Suelen ser relaciones que no implican mucha intimidad, que no profundizan en la vida personal, sino más bien de intereses compartidos. En el trabajo tienden a ser muy competentes. La herida de rechazo conlleva una gran necesidad de aprobación y reconocimiento, y el esfuerzo en el trabajo les proporciona las dos cosas: pueden ser trabajadores incansables, muy capaces y, si es necesario, sacrificar su vida personal para conseguir méritos y resultados.

Workaholics

Es habitual que estas personas pasen muchas horas trabajando, que atiendan el correo o las llamadas en su tiempo personal, que sean competitivos o ambiciosos y que aspiren a puestos de reconocimiento. También son muy proclives a emprender, a hacer de su empresa su vida. Se vuelcan en ello y les sirve para compensar las dificultades de la vida sentimental. Es muy normal que, cuando tienen dificultades en la relación de pareja, se retiren utilizando la excusa del trabajo y se evadan de todo dedicándole todo su tiempo y atención para evitar así las emociones dolorosas.

Por otra parte, podemos intuir que esto no es solo una evasión, sino que es una fuente de conflictos en cualquier relación. Cuanto más se evaden en el trabajo, más conflictos tienen en la relación y así nos encontramos con otro círculo vicioso del que no saben salir: más conflictos, más tiempo en el trabajo; más tiempo en el trabajo, más conflictos. No solo se evaden en el trabajo por buscar reconocimiento, sino que también tiene que ver con sus valores personales. De pequeños fueron orientados al esfuerzo, al logro, y no lo ven como algo negativo, al contrario. Por eso el trabajo suele ser fuente de discusiones. Ellos pueden anteponer el trabajo a su pareja, pero su pareja no.

Huyen de las discusiones

Los evitativos filofóbicos son los que suelen tener menos problemas en la intimidad. Es más bien en los conflictos donde se bloquean emocionalmente. No se ven capaces de acabar una discusión sin perder alguna cuota de libertad. Pero lo que más les afecta es la sensación de que la relación pueda derivar en un conflicto constante. Buscan una relación tranquila, sin presiones ni reproches.

También se retiran cuando se sienten vulnerables en la intimidad, como los otros dos subtipos, pero es más frecuente que lo hagan por miedo a que la relación se vuelva muy intensa y les cree dependencia. La dependencia emocional es una de las cosas que más asustan a una persona con apego evitativo. En el caso del filofóbico se acentúa, porque para él es una trampa en la que no quiere caer, puesta por él mismo. A veces, cuando mejor van las cosas en la pareja y el otro menos se lo espera es cuando se retira sin más, sin dar ninguna explicación, porque tiene miedo a engancharse demasiado.

Idealistas

Otra de las razones por las que se retiran es por su tendencia a idealizar las relaciones de pareja. Cuando surgen esos temidos conflictos o cuando su pareja trata de limitar su libertad, se sienten decepcionados, como si la relación no estuviera cumpliendo sus expectativas. Empiezan a ver en el otro defectos que antes no veían. Sienten rechazo y necesitan retirarse. Todo es fruto de una comparación con esa pareja ideal que tienen en mente. Esto también desencadena un círculo vicioso: su pareja le presiona o se queja, ellos se decepcionan, se enfrían y se retiran y su pareja les presiona aún más…

Necesidad de libertad

Otra cosa importante es que este subtipo no busca culpar o destruir al otro, como haría un narcisista. Su objetivo es encontrar una excusa para retirarse y que la relación sea lo más parecido posible a una amistad, donde sentirse seguros y tener libertad. Necesitan esa libertad tanto en el presente como en el futuro para seguir adelante con sus actividades, su trabajo, sus amistades y sus proyectos personales, por lo que tiende a establecer lazos más parecidos al compañerismo que emocionales.

En cuanto a mostrar afecto, pueden hacerlo, tanto verbal como físicamente, mucho más que el narcisista, pero en cuanto algo va mal se enfrían. Pueden llegar a sentir un fuerte rechazo que les congela la emoción. Sin embargo, aunque muestren poca empatía y a veces se retiren, también buscan la compañía de una pareja y tratan de encontrar un equilibrio entre la independencia y el compromiso.

A diferencia de un narcisista, este subtipo reconoce más fácilmente su evitación, especialmente si han experimentado situaciones similares en otras relaciones o en su familia. Aunque a veces tratan de justificarlo, pueden compensar esa falta de afecto de una manera más servicial o detallista. También son capaces de darse cuenta del daño que pueden causar cuando se retiran. Es común, incluso, que se retiren para no hacer daño a la otra persona y se planteen no volver por el mismo motivo.

Si se rompe la relación, pueden estar solos un tiempo para rebajar su intensidad emocional. En realidad, necesitan ese espacio, pero no buscan reemplazar rápidamente a la pareja como haría un narcisista, sino que usan ese tiempo para reflexionar. Esto no quiere decir que no pueda aparecer alguien, pero la mayoría de las veces tratan de volver en cuanto se calman. Y, a diferencia del evitativo narcisista, que te culpará o intentará negar lo sucedido, el filofóbico es capaz de reconocer sus errores y esforzarse por cambiar, aunque a veces no lo consigue.

Entre filofóbicos son habituales las relaciones a distancia y *online*, ya que tras la pantalla se sienten protegidos de un potencial compromiso amenazante, y pueden cortar la relación con más facilidad. Este tipo de relaciones son más habituales entre filofóbicos que entre narcisistas, ya que estos últimos siempre quieren más, incluyendo contacto físico. En cambio, el filofóbico se siente más seguro y cómodo en la distancia, lo cual le permite expresar emociones y afecto, ya que no se siente atrapado. Cuando se intenta avanzar hacia una relación física más cercana, los filofóbicos muestran reticencias y ansiedad. Pueden expresar su deseo de llevar la relación al mundo real, pero a medida que el momento se acerca, sienten más ansiedad y pueden echarse atrás y desaparecer.

El evitativo filofóbico es el subtipo que está más conectado a la herida de rechazo. Cuando su pareja les pide más o se queja de que algo no va bien en la relación, se sorprenden. Muchas veces porque ellos creían que lo estaban haciendo bien, pero al ver que no ha sido suficiente se sienten juzgados, conectan con la herida de rechazo y se bloquean. Es entonces cuando llegan los conflictos, las discusiones y las reacciones defensivas y empiezan a ver a su pareja de manera más negativa, surgiendo dudas sobre la relación. Además, pueden reaccionar de manera agresiva cuando se sienten juzgados. Verse como alguien despreciable o malvado a los ojos de su pareja les hace reaccionar muy mal, a veces de manera exagerada. Pueden llegar a enojarse mucho o bloquearse y retirarse sin mediar palabra.

No obstante, de los tres subtipos, el evitativo filofóbico es el que tiene más posibilidades de cambiar, por lo menos si se lo propone. Aunque sea difícil, es el tipo de relación con un evitativo que tiene mayores posibilidades de éxito, sobre todo si ambos colaboran en el proceso.

SUBTIPO ESQUIZOIDE

Muchos evitativos son personas que nunca han sabido expresar sus emociones. Hay personas que desde la infancia desarrollan personalidades muy racionales y así han sido siempre, o prácticamente siempre, o han nacido predispuestas a ello. Viven la vida más desde lo que piensan y menos desde lo que sienten. Se trata de un apego evitativo muy marcado que llama mucho la atención por la poca presencia de rasgos emocionales.

Racionalización

Los esquizoides tienden a racionalizar las emociones, tanto las suyas como las de la pareja. Si no lo hacen así, no son capaces de entender qué sucede, por qué se molesta su pareja, qué es lo que necesita o qué tienen que hacer. Suelen ser poco afectuosos y cuando sus parejas les preguntan por qué o les piden que cambien, no saben muy bien cómo explicarlo ni cómo reaccionar. Les cuesta mucho expresar afecto o lo hacen de manera muy torpe, y si su pareja es cariñosa con ellos son más de dejarse hacer que de corresponder.

Cuando están en una relación y las cosas van mal, se paralizan momentáneamente y tratan de racionalizar lo que está sucediendo, sus emociones, sus sentimientos, los de la pareja y todo lo que haya sucedido. Sin embargo, normalmente el esquizoide no siente un impulso por retirarse tan intenso como los otros subtipos, y tampoco suele reaccionar en contra de la otra persona. Necesita aislarse cuando se colapsa emocionalmente, que le dejen tranquilo para procesar lo que está pasando. Cuando lo ha entendido todo, o cree que lo ha entendido, vuelve con explicaciones que tratan de resolver la situación, pero suelen ser racionalizaciones teóricas que poco resultado tienen en la práctica.

Todo esto provoca una gran insatisfacción en su pareja. Las demandas emocionales no obtienen una respuesta emocional, la comunicación parece imposible. Todo lo tratan de racionalizar y no comprenden la dimensión emocional del conflicto, sino que utilizan sus argumentos racionales para zanjar la discusión. Es algo así como: «No tienes motivos reales para estar enojada; no has interpretado correctamente lo que he dicho; solo te pido que me dejes espacio para pensar en ello; si lloras o gritas no podemos hablar tranquilamente...». Son una serie de aseveraciones que no tienen en cuenta el estado emocional de la otra persona y, por tanto, provocan una reacción contraria a la esperada. Lejos de calmarse, el otro no se siente escuchado ni comprendido ni tenido en cuenta, con lo que la discusión se puede acabar convirtiendo en un diálogo de sordos, como si hablaran diferentes idiomas.

Sin embargo, el esquizoide desea la relación de pareja. A diferencia del filofóbico, no piensa en buscar otro tipo de relaciones o, como el narcisista, a otras personas. Intenta seguir en la relación, pero no sabe cómo hacerlo. No sabe expresar las cosas adecuadamente; cuando lo hace, es torpe o excesivamente racional. Cuando le preguntan sobre el afecto, el cariño, los problemas o los conflictos, muchas veces no sabe cómo contestar o lo hace de una manera que no satisface la pregunta o la necesidad de la otra persona. En cierto modo, actúa como un robot.

Los esquizoides también son capaces de reconocer su evitación, pero no de inmediato. Les cuesta mucho darse cuenta, ya que comprenden con dificultad todo lo relacionado con el mundo emocional. Cuando se les explica que tienen un tipo de apego evitativo no suelen aceptarlo, pero con el tiempo llegan a reconocerlo. El problema al que se enfrentan es que no saben qué hacer con esa información. Se sienten insuficientes al darse cuenta de que les falta algo, que quieren dar lo mismo que la otra persona en su relación pero no lo consiguen. El otro nunca se siente satisfecho.

Le gusta estar solo

Es común que se sienta muy cómodo estando solo. Puede pasar mucho tiempo sin pareja y estar bien. Se vuelca en actividades que llenan su mente y satisfacen su vida. Cuando se aleja de una relación, lo más probable es que no regrese o que no lo intente nuevamente. Racionaliza la ruptura y el duelo y ocupa su mente en otras cosas; pero esto no quiere decir que no le importe. Le importa tanto como a los demás, aunque no muestra su sufrimiento y puede aparentar normalidad sin ser consciente del vacío que siente, un vacío que puede conducirle a vivir una vida gris y triste.

Alto nivel intelectual

Aunque este subtipo no crea tanta dependencia como los otros dos, por su falta de intensidad, en algunos casos puede haber personas que se enamoran de ellos por admiración, aunque no les proporcionen la emoción o el contacto que necesitan. El esquizoide compensa su frialdad con esa racionalidad característica y un nivel intelectual elevado. Pueden enriquecer la relación con buenas conversaciones, conocimientos sobre muchas cosas, pueden tener prestigio social o simplemente ser personas que no exigen demasiado, que dan mucha libertad y pocos problemas.

Frialdad

Pueden intentar expresar emociones o afecto, pero se abruman al hacerlo. A menudo hablan de forma fría, como si fueran robots, sin emoción en la voz, con palabras rebuscadas, sin gesticular, con un gesto neutro en la cara. Es como cuando lees la letra de una canción y, al no escuchar la música, no sientes que el sentido sea el mismo. Aunque intentan aprender y entender, a menudo se sienten huecos y poco auténticos, ya que se expresan desde la mente, no desde las emociones.

Es frecuente observar también su frialdad con los animales. La mayoría de los esquizoides no empatizan con una mascota; aunque les gusten, no conectan con lo que sienten al acariciar o abrazar a un animal. Esta característica es aún más evidente cuando los comparamos con los filofóbicos, ya que estos sí muestran afecto tanto con personas como con animales.

Es difícil para ellos establecer relaciones sociales, ya que su personalidad esquizoide impacta en su forma de comunicarse. Se muestran distantes y fríos incluso con sus amistades y familiares. En esto también se diferencian de los otros subtipos. Pueden tener amistades con las que comparten intereses intelectuales o artísticos, pertenecer a círculos académicos, etc., pero no suelen establecer relaciones de intimidad ni de compromiso. El esquizoide no se siente bien en las relaciones, necesita retirarse de vez en cuando para estabilizarse. Las largas interacciones sociales le acaban abrumando.

Si tu pareja es así podrás observar que no solo actúa de esta forma contigo, sino que es su manera de funcionar. Algunos esquizoides pueden mantener relaciones sociales, divertirse y compartir con los demás, incluso aprender a expresar emociones si lo desean. Otros esquizoides no se relacionan con nadie, algunos ni siquiera salen de casa.

En la relación de pareja, cuando las cosas se ponen difíciles, hay conflictos o se les demanda más de lo que pueden dar, pueden retirarse temporalmente. No son propensos a volver con su pareja después de un distanciamiento, como sí lo son otros tipos de apego evitativo. Les resulta natural estar solos y no suelen tener miedo. Si la pareja quiere volver con él, seguramente estará disponible, pero nada habrá cambiado en su comportamiento. Parecen incapaces de cambiar o de expresar sus emociones de otra manera. Esto puede llevarlos a rendirse y asumir que no son aptos para tener una relación, enfocándose al 100 % en sus intereses intelectuales o profesionales.

Para mejorar una relación con una persona esquizoide es importante buscar un canal de comunicación racional o mental, ya que las expresiones y mensajes emocionales pueden ser incomprensibles para ella. Si tratamos de darle una explicación clara de lo que necesitamos en vez de quejarnos, si argumentamos desde la lógica el problema en vez de dramatizar en exceso, le estaremos dando una oportunidad. Cuando entiende las cosas es muy capaz de hacer cambios. El esfuerzo de comunicarnos con ellos puede valer la pena, en lugar de esperar que se abran emocionalmente. En cualquier caso, no esperes grandes cambios; aprender a expresar emociones puede ser un proceso muy laborioso y difícil para él.

En resumen, si nuestros valores son compatibles y establecemos una buena comunicación con él, es posible mantener una relación satisfactoria con una persona esquizoide. Aunque quizá haya que renunciar a algo, porque estas personas no suelen cambiar. Nunca serán muy emocionales.

8

EL APEGO INSEGURO DESORGANIZADO

Los estilos de apego evitativo y ambivalente son los más frecuentes y explican muchos de nuestros problemas emocionales a la hora de tener una relación de pareja satisfactoria. No obstante, existe otro estilo de apego menos común pero no menos relevante, conocido como apego desorganizado. Aunque no es tan habitual, según las estadísticas un 5 % de la población sufre este estilo de apego.

En el apego desorganizado se da una combinación entre el apego evitativo y el ambivalente. Los desorganizados pueden mostrar una gran necesidad y dependencia hacia su pareja desde el comienzo de la relación, con comportamientos de apego ambivalente. Sin embargo, también pueden alejarse y distanciarse, como en el apego evitativo, cuando se sienten demasiado vulnerables o amenazados.

Este comportamiento, que puede llegar a ser muy extremo y dramático, proviene normalmente de la infancia, durante la cual hubo un trauma o conflicto con la madre o la figura de cuidado, desarrollando un vínculo de apego contradictorio. La madre proporcionaba seguridad, pero a la vez podía provocar gran dolor y sufrimiento. En las relaciones de pareja esto se traduce en un sentimiento contradictorio de amor y odio que hace muy difícil la estabilidad.

El apego desorganizado es una forma compleja de relacionarse caracterizada por una interacción entre dos instintos de supervivencia opuestos: la necesidad de apego y el miedo. Se experimenta una contradicción interna, una lucha entre dos partes. Por un lado, deseas estar con tu pareja porque la necesitas, y te sientes bien cuando todo va bien. Por otro lado, sientes que no puedes confiar plenamente en ella, no te relajas y tienes miedo de entregarte por completo porque temes salir lastimado, y sueles tener el impulso de romper la relación.

Por supuesto, esto no es una constante, sino que puede darse en un momento determinado en que alguna situación despierte un trauma o herida profunda. Acostumbra a ocurrir cuando el desorganizado siente que la persona de la que se ha enamorado le ha hecho daño. Lo vive como una traición, se hace muy difícil de solucionar y le cuesta mucho volver a confiar. A partir de ahí, cualquier cosa que suceda se vive como una amenaza. La desconfianza le impulsa a interpretarlo todo de manera negativa. Ante la duda, prefiere pensar mal: no hacerlo implicaría tener que confiar, y esto es muy amenazante para estas personas.

PÉRDIDA DE CONTROL

Como en toda relación, el conflicto los lleva a ponerse a la defensiva y pueden reaccionar tanto con evitación como con ambivalencia, dependiendo de las circunstancias y de la persona. Son frecuentes las reacciones agresivas, tanto verbales como físicas, con una gran pérdida de control.

En estas situaciones de pérdida de control les resulta extraordinariamente difícil contener la ira. Por lo general, no respetan ningún límite. Pueden hacer mucho daño y después arrepentirse, cuando toman conciencia de lo que han hecho. La ansiedad que pueden llegar a sentir es casi insoportable y desconectan completamente de la razón. En muchos casos relatan que mientras hacían daño a su pareja disfrutaban del poder que sentían; que deseaban hacerlo, incluso que lo habían premeditado, pero después se arrepienten profundamente. Como casi siempre lo lamentan después, se genera en ellos un conflicto interno autodestructivo. Se dan cuenta de cómo han destruido la relación y del daño que han hecho a la persona que aman y se sienten fatal. Esto responde a que el trauma que hay detrás de su herida les ocasionó algún grado de disociación en su estructura de personalidad, lo que empeora más las cosas. Hacen algo de lo que se arrepienten, pero además saben que lo volverán a hacer porque no tienen ningún control sobre esa parte de su personalidad.

Todo esto destruye aún más su baja autoestima. Generan una autoimagen muy negativa y una sensación muy dolorosa. La rabia permanece presente y no les permite relajarse. Cuando se sienten mal proyectan esa rabia hacia su pareja, hacia otras personas o hacia el mundo en general. Por eso, en algunos momentos, cualquier cosa que digas o calles puede acabar en una fuerte discusión.

Para más dificultad, los sentimientos de arrepentimiento y de culpa los acompañan a lo largo del tiempo, convenciéndolos de que nunca van a ser capaces de mantener una relación de pareja, ni siquiera de amistad. Esto despierta en ellos una profunda tristeza que puede derivar en depresión.

AMOR Y ODIO

El apego desorganizado es una combinación extraña y dolorosa de amor y odio hacia la pareja. Esto puede acarrear una serie de consecuencias complicadas y grandes dificultades para reparar los conflictos en la relación. En un momento de inseguridad puedes ofender o agredir a tu pareja; después de arrepentirte, deseas disculparte, pero sientes que no eres capaz de hacerlo porque temes mostrarte vulnerable y que te hieran de nuevo. Esto proviene de asociaciones traumáticas creadas en la infancia, cuando el niño se sentía herido porque la madre le había reñido, por ejemplo. Y, tras un intento de reconciliarse con ella, le lastimaba aún más, generando esta disociación. Una parte de ti ama y necesita a tu pareja y otra la teme y la evita. En consecuencia, a veces te identificas con una parte, actúas en consecuencia y otras veces te identificas con la otra y todo se vuelve un caos destructivo.

Este tipo de apego provoca un gran sufrimiento porque combina lo peor de cada estilo de apego inseguro:

— Del ansioso ambivalente: necesidades insatisfechas, inseguridad, ansiedad, quejas, reclamos, demandas, etc.
— Del evitativo: sentir molesta la presencia de la pareja, tratar de evitarla, evitar la intimidad, retirarse.

Esta mezcla caótica de emociones crea inestabilidad e impotencia. El desorganizado es incapaz de gestionar sus reacciones emocionales ni sus pensamientos obsesivos. Necesita al otro intensa e insoportablemente, y la desconfianza se vive como una amenaza constante.

Las relaciones sexuales también se viven con dificultad. Además de presentar patrones típicos pero variables de los estilos evitativo y ansioso ambivalente, muestra una marcada tendencia a la intensidad. Pueden vivir el sexo como un conflicto en la relación, unas veces por la vulnerabilidad que implica la entrega, otras veces por la dificultad para entregarse por la desconfianza que sienten. Tanto puede representar una desconfianza cuando no se da lo suficiente, como una desconfianza cuando se da sin afecto; también por la agresividad que pueden expresar en el acto sexual o por diferentes problemas sexuales derivados de algún trastorno asociado, como el trastorno límite, la ansiedad patológica o la depresión. Además es tristemente frecuente que un encuentro sexual despierte una reacción traumática si han sido objeto de abusos sexuales en el pasado.

NECESIDAD DE CONFIAR

Las personas con apego desorganizado necesitan confiar en su pareja y mientras así sea la relación puede funcionar. Pero ante cualquier duda, aunque sea en su imaginación, se activará su mecanismo defensivo de alerta y dejarán de vivir en paz. Necesitan estar en guardia para no ser víctimas de una traición; quiere que la otra persona les garantice que no les engaña y sus suspicacias no les permiten mantener una conversación relajada.

El miedo a la traición es insoportable, deviene en pensamientos obsesivos, interrogatorios y acusaciones. Todo es sospechoso y si no consiguen calmarse pueden llegar a destruir la relación, no solo por el daño que causan, sino porque en su inconsciente saben que una vez rota la relación, su pareja ya no podrá traicionarles. Creen que es mejor no tener pareja, porque no puedes confiar en nadie. El problema es que, una vez rota la relación, no soportan la soledad y buscan una nueva pareja, creándose otro círculo vicioso.

Sus relaciones, sobre todo al principio, son muy intensas. El enamoramiento relaja la ansiedad del desorganizado, que vive esta etapa como algo perfecto. Suele ser alguien con un carácter fuerte, endurecido por el dolor de sus heridas y por los conflictos vividos. Esto hace que el tono de las discusiones suela ser elevado, y que tenga una gran dificultad para contener las emociones. La ansiedad se vuelve insoportable. Son incapaces de retener la ira y, sin previo aviso, aparecen las peleas, a veces tan destructivas como intenso era el enamoramiento. A partir de ese momento, el término medio se vuelve poco habitual, pasando de la reconciliación y la intensidad sexual al conflicto agresivo, y de nuevo la reconciliación.

Puede demandar mucha atención, exigir amor incondicional. Las personas con apego desorganizado buscan, más o menos inconscientemente, a alguien que les dé el amor que no recibieron en la infancia. Esto también suele ser fuente de disputas, porque exigen esa incondicionalidad y, si no la reciben, algo inevitable antes o después, se frustran y empiezan los problemas. Sólo la figura materna puede ofrecer un amor incondicional.

Esto puede conducir a que ninguna relación sea adecuada, que siempre surjan conflictos graves, dada la complejidad de este patrón de apego. Para superarlo, es fundamental tomar conciencia de lo que está sucediendo y trabajar en sanar posibles traumas subyacentes. La comunicación abierta y la comprensión mutua son claves para establecer una relación más saludable y satisfactoria. A veces, con una pareja comprensiva y capaz de colaborar, pueden superarlo, poco a poco. Si sienten que reciben ese amor de verdad, el que nunca conocieron, son capaces de avanzar.

Es fundamental para el desorganizado trabajar en la autoconfianza para sentirse seguro de sí mismo y exponerse de manera vulnerable y abierta a su pareja, confiando en que nada malo ocurrirá. Es crucial que la pareja de alguien con apego desorganizado sea consciente de estas reacciones y las comprenda, evitando reacciones negativas que empeoren la situación. Buscar ayuda terapéutica es una buena opción, ya que puede ayudar a regular los estados emocionales y trabajar las heridas de la infancia.

¿QUÉ SITUACIONES DISPARAN SU ANSIEDAD?

¿Qué le está pasando a tu pareja cuando se comporta de una manera tan imprevisible? ¿Qué provoca estos cambios de ánimo tan radicales? Estamos hablando del apego desorganizado, así que, al referirnos a los disparadores, debemos tener en cuenta dos cosas. En primer lugar, cualquier disparador del apego ambivalente o del apego evitativo puede desencadenar una reacción de apego desorganizado. En segundo lugar, cualquier comportamiento o comentario que provoque la percepción de haber sido traicionado o maltratado puede desencadenar el contacto con el trauma inicial.

Ante cualquier situación que les parezca sospechosa o no entiendan se ponen en guardia para protegerse y evitar ser lastimados. En muchas ocasiones, pueden sacar conclusiones equivocadas de una actitud tuya, pero a fin de confirmar su desconfianza pueden sostener sus conclusiones con firmeza. Si las niegas, pueden sentirse engañados o manipulados.

Una pequeña mentira u ocultación, incluso algo que se te haya olvidado comentar, puede ser un disparador. Es importante ser transparentes, tratar de responder sus dudas y dar explicaciones, porque no hacerlo también puede ser motivo de sospecha. Se puede razonar con ellos para no tener que consentir interrogatorios ni acusaciones injustas, pero es mejor hacerlo ofreciendo transparencia al mismo tiempo.

Otra cosa que puede desencadenar esta reacción es que tengan la percepción de que intentan controlarlos o manipularlos, especialmente si creen que se están aprovechando de ellos o los toman por ingenuos. Necesitan tener el control porque, por defecto, piensan que no pueden confiar en nadie. Así que si sienten que su pareja les está manipulando pueden reaccionar mal.

Hay que tener un especial cuidado con no ofenderlos, criticarlos, ignorarlos o despreciarlos, sobre todo cuando necesitan afecto o son vulnerables, porque esto afecta directamente a una autoestima muy dañada. Son muy sensibles a cualquier agresión que venga de las personas en las que confían, sobre todo de su pareja. El dolor se multiplica porque todo se interpreta como una traición. Es importante entender esta sensibilidad y tratar de evitar o reparar los malentendidos en cuanto suceden.

También se sienten traicionados si te necesitan y no les atiendes. Esta necesidad de amor incondicional implica que siempre estés disponible para él o para ella. Si creen que no es así, su idea de la relación se desmorona; se frustran y pueden buscar otra pareja o quedarse solos.

Y si hay algo que puede disparar su reacción de manera irreparable, son los celos. La mayoría de las veces no hay nada que podamos hacer. Cualquier situación o persona puede desencadenar los celos: un compañero del trabajo, un amigo, un vendedor, alguien que llama por teléfono... Es muy difícil evitar esta reacción, pero si nos hacemos cargo de que es un problema de su estilo de apego podemos tratar de tranquilizarlo. Sin embargo, si no intentamos aclarar la situación, esta empeorará.

Los celos son un infierno para estas personas. No pueden superarlos porque nunca tendrán la garantía absoluta de que su pareja vaya a serle fiel. Lo saben y por eso están atentos a cualquier amenaza. Es muy frecuente que sientan celos de personas de tu pasado, compañeros de trabajo, amigos, etc. Si hay alguien en concreto que represente una amenaza volcará su ira sobre él, como si quisiera que desapareciera. Y si tratas de defender a esta persona o justificarla, o simplemente hablas bien de ella, reaccionará con rabia e interpretará que le estás traicionando. Y, por supuesto, esto sucede sobre todo cuando se trata de una expareja.

Otro disparador es el recuerdo de daños sufridos durante la relación. En cualquier conversación pueden salir a relucir momentos del pasado. Y esto para ellos puede ser un detonante de lo que sintieron en aquella ocasión, disparando la desconfianza y la ansiedad. De ahí sus cambios repentinos de humor. Un simple recuerdo puede hacer que una tranquila conversación se convierta en un ataque de ira.

Es evidente que no podemos evitar muchos de estos disparadores. Algunos, además, son solo producto de su imaginación. Pero si conseguimos transmitir confianza y transparencia, todo será más fácil. El miedo a revivir un trauma de la infancia es para estas personas una gran limitación y les hace muy difícil disfrutar en paz de una relación de pareja.

En muchas de estas relaciones el problema se eterniza debido a esta dualidad: por una parte, son personas que aman y quieren amar de verdad y, por otra, pueden ser agresivas y conflictivas. No es fácil para su pareja renunciar a una parte por la otra, y si se rompe la relación, es muy probable que se den idas y venidas, hasta que los daños superen las ventajas.

En cualquier relación es esencial comprender que donde hay miedo, no hay amor. Si nos ponemos a la defensiva, nos agredimos o nos hacemos daño, si desconfiamos o sospechamos, es que estamos dominados por el miedo. Trabajar el trauma para superar este miedo nos permitirá recibir y mostrar amor de una manera plena y satisfactoria, disfrutar una relación en la que no tengamos que vivir con tempestades, sino con amor y plenitud.

EJERCICIO PARA TRABAJAR EL MIEDO

Todos tratamos de evitar el miedo, de enfrentarnos a él. Un buen ejercicio que todos deberíamos hacer es tratar de mirar al miedo de frente, pensar en las cosas que más tememos, las que desencadenan esas reacciones de descontrol y hacerle preguntas: ¿Qué está tratando de proteger este miedo? ¿Qué nos quiere decir sobre nosotros mismos? ¿Qué sentimientos se ocultan detrás? Y otras preguntas más potentes: ¿Qué pasaría realmente si sucediera lo que más tememos? ¿Es que no seríamos capaces, acaso, de superarlo? ¿No nos ha sucedido otras veces y lo hemos superado? ¿No les ha sucedido y les sucede a otras personas y lo superan? ¿No es verdad que cuando lo superamos nos hacemos más fuertes y sabios?

9

LAS HERIDAS DE LA INFANCIA

Cuando hablamos de heridas de la infancia nos referimos a daños emocionales que sufrimos cuando éramos muy pequeños, en un momento de absoluta indefensión. Aquel impacto doloroso por no sentirnos queridos, por sentirnos descuidados o rechazados, creó una asociación traumática que quedó incrustada en nuestra memoria corporal, donde permanecerá para siempre a menos que hagamos algo para sanar. Es importante destacar que las heridas de abandono se producen a edades muy tempranas, casi siempre cuando el niño todavía no sabe hablar. Por eso la mayoría de las veces no somos capaces de recordarlas.

Esta memoria preverbal, que es inconsciente, nos produce dolor y condiciona nuestra vida, pero no podemos recordar, lo cual nos impide gestionar el trauma. Esa falta de gestión es lo que provoca problemas en la edad adulta, porque esas heridas emocionales marcan para siempre nuestro carácter y personalidad, nuestra felicidad y nuestra salud, cómo nos sentimos con nosotros mismos y en las relaciones emocionales, principalmente las de pareja, pero también con nuestros amigos, con nuestros padres, con nuestros hijos, etc.

Además, hay que tener en cuenta que estos recuerdos son subjetivos en su mayor parte, lo cual no quiere decir que no se fundamenten en cosas reales, pero nuestra memoria guarda cómo interpretó el niño lo que le ocurrió. Y la personalidad se crea dependiendo de cómo adaptamos nuestro comportamiento y nuestras creencias en función de esta herida.

Nuestras heridas estructuran los estilos de apego e influyen en la personalidad. Normalmente podemos clasificar las heridas de la infancia en dos tipos: la herida de abandono y la herida de rechazo.

La herida de abandono. Se produce cuando el niño se ha sentido solo y ha percibido que su vida está en peligro por no recibir la atención inmediata de su madre. En la edad adulta, cree que si no le aman está perdido. Es incapaz de subsistir emocionalmente por sí mismo.

La herida de rechazo. Se produce cuando el niño ha demandado a su madre y esta lo ha rechazado expresamente, de modo que entiende que buscar el amor hace daño, y trata de protegerse dejando de exponerse emocionalmente. En la edad adulta es la creencia de que si buscamos amor nos van a rechazar.

La herida de traición. En algunos casos no se puede definir con claridad un estilo de apego, pero hay una herida recibida, que llamamos la herida de traición, que provoca un trauma más severo. La búsqueda de apego se muestra caótica, sin un patrón claro y produce un estilo de apego desorganizado.

Normalmente, el estilo de apego ambivalente responde a la herida de abandono y el estilo de apego evitativo a la herida de rechazo. Por supuesto, si en la infancia no se produjeron heridas importantes, o las hubo y pudieron sanarse, hablaremos de un apego seguro.

CÓMO APRENDEMOS A AMAR

Las heridas en la infancia pudieron producirse a edades muy tempranas, mucho más de lo que a veces pensamos.

Un bebé, cuando nace, tiene necesidades emocionales. Por lo tanto, en ese momento ya es capaz de sufrir heridas si siente que no está siendo protegido. Por otra parte, un bebé ya dispone de recursos para obtener esos cuidados. No son estrategias calculadas o conscientes, claro, pero son estrategias instintivas mediante las que tratará de llamar la atención de la madre, llorando, riendo, chillando o poniendo caras agradables. El bebé espera que esas estrategias den resultado. Sin embargo, no siempre es así. A veces la madre no está disponible y el bebé debe insistir, por eso puede llorar con fuerza durante horas. Para el bebé esta es su realidad. Está sufriendo y necesita a alguien. Siente la mayor de las desesperaciones. El bebé no tiene recursos propios. Si no le atienden muere. Por lo tanto, desde ahí actúa y así se siente.

Por otra parte, ningún niño es igual que otro. Nacemos con un temperamento individualizado y una experiencia subjetiva que se va modificando con el paso del tiempo. Es decir, ya nacemos diferentes unos de otros y después experimentamos circunstancias particulares que van diferenciándonos aún más. Esto quiere decir que una misma actuación por parte del cuidador puede afectar de forma traumática a un niño y pasarle desapercibida a otro. Uno puede ser más sensible al abandono y otro más sensible al rechazo. Uno puede tender a interiorizar la experiencia y otro a poner la atención fuera. Uno puede ser más tranquilo y otro más reactivo.

Además, cada madre o padre, según su propia personalidad, capacidad o circunstancias, reacciona de manera diferente a las necesidades del niño. Por lo tanto, es muy difícil evitar que el bebé sufra y que aparezcan algunas heridas.

Al fin y al cabo, a los padres nadie nos da un certificado de capacitación. La educación oficial no enseña a tener hijos y a educarlos emocionalmente. Ni siquiera se forma en la tan necesaria inteligencia emocional de la que todos hemos oído hablar. Así que los padres hacen lo que pueden y los hijos, desde ahí, construimos nuestra personalidad tratando de evitar el sufrimiento como podemos.

Sin embargo, hay heridas muy profundas. Un niño que se siente abandonado y finalmente se rinde, dejando de utilizar sus estrategias innatas, queda marcado por una herida muy profunda, un miedo atroz. Siente que no hay nada que pueda hacer, que está en manos de las circunstancias y que en cualquier momento puede morir. Esto sucede, además, repetidamente. Su cuidador, sea la madre, el padre u otra persona, reincidirá en su negligencia y la herida se irá haciendo mayor. Ya no conseguirá cerrarse, más bien al contrario.

Más tarde, cuando el niño va creciendo, los impactos sobre la herida se siguen repitiendo. De forma verbal, el cuidador hace sentir mal al niño con sus palabras y él, que ya puede razonar, crea recuerdos, empieza a gestionar de manera más elaborada sus estrategias de apego, identificándose con ellas y con su resultado. Cuanto peores son los resultados más negativa es su identidad y peor es su percepción de sí mismo.

Así es como se desarrollan la autoestima y la personalidad de cada uno. Nuestra personalidad se forma a partir de estas experiencias, empujándonos a actuar de forma inconsciente y automática. Y, lo peor, no somos capaces de cambiar porque nadie nos enseña a utilizar otras estrategias. Hay quien, cuando se equivoca, dice: «Es que yo soy así». Sabe que repetirá el mismo error porque cree que no puede cambiar. Aún peor es decir «no pienso cambiar». El ego es una estructura psicológica con la que todos nos identificamos en alguna medida, pero la hemos ido construyendo a lo largo de nuestra experiencia, por lo que, si es fruto de nuestra trayectoria, deberíamos ser capaces de modificarlo, mejorarlo y transformarlo.

Crecemos y vamos a la escuela, nos relacionamos con profesores y compañeros, tenemos amigos, parejas, colegas de trabajo… Las estrategias de la personalidad son un elemento evolutivo, siempre se pueden revisar, mejorar y adaptar al momento que estamos viviendo. Si nos fijamos un poco, veremos que cuando manifestamos comportamientos neuróticos lo hacemos por inmadurez, es decir, porque no hemos aprendido a hacerlo mejor. Muchos comportamientos emocionales disfuncionales lo son porque seguimos usando los mismos que cuando éramos niños, no hemos evolucionado.

Esas estrategias estaban diseñadas para conseguir el cuidado de la madre y, si funcionaban, el niño se sentía seguro. Hasta aquí todo en orden. (Este sería el origen del apego seguro: «sé que si necesito cuidados los tendré; aunque me encuentre solo, acudirán a mí»). Si estas estrategias no le sirvieron para sentirse seguro, se sintió desamparado e impotente y conectó con el miedo, generándose la herida. Las estrategias que elaboró a continuación no tenían ya como propósito conseguir seguridad, sino proteger la herida. El niño no consigue sentirse seguro, pero trata de proteger el vínculo a toda costa (si me quedo solo volveré a sufrir y no podré hacer nada). Cuando está solo no confía en obtener los cuidados que necesita y puede morir, conectando con la desesperación, el vacío y la herida sufrida. En resumen, en el apego seguro el niño confía en la madre, esté o no esté; en el inseguro el niño pierde esa confianza y tiene que luchar para no quedarse solo.

Estas heridas, que aparecen de tantas maneras diferentes, unas de forma traumática e impactante, otras por agresiones menos perceptibles pero repetidas a lo largo del tiempo, pasan a formar parte de nuestra estructura psicológica. Algunas veces somos conscientes de ello y otras no. En ocasiones no las recordamos durante años y se manifiestan cuando conocemos a alguien. Las heridas de la infancia conforman nuestra vulnerabilidad, están en la parte más íntima de nuestra identidad y precisamente por eso son tan relevantes en las relaciones de pareja. En cuanto creamos un vínculo nos exponemos a sufrir o a que nuestras heridas queden expuestas, arriesgándonos a que nuestra pareja nos haga más daño, dependiendo de si estamos en una relación sana o no.

Nos hacemos adultos y seguimos utilizando las mismas estrategias, aunque a veces más elaboradas (ya no lloramos, pero nos quejamos mucho; ya no gritamos, pero levantamos la voz; ya no nos enfadamos, pero dejamos de hablar cuando algo no nos interesa). Cuanto mayor es la herida más reactiva es la estrategia, más se refuerza y es más difícil de cambiar.

Cuando empiezas una relación y en algún momento se despierta tu herida, tus estrategias de la infancia, reforzadas a lo largo de la vida, van a pasar a la acción sin que lo puedas evitar, sin que te des cuenta. A menos que seas consciente de ello, identifiques tu estilo de apego y comiences un trabajo personal. Las heridas pueden cicatrizar si las cuidamos bien.

10

LA HERIDA DE ABANDONO

La herida de abandono queda marcada en nuestra psique en forma de sensibilidad extrema ante la pérdida de la figura de apego. El abandono pudo tener relación con los cuidados que necesitaba el niño, pero también con sus necesidades emocionales. Pudo ser real o no, pero el niño lo vivió como auténtico y aterrorizador.

El niño crece con la sensación de que en cualquier momento puede ser abandonado. Permanece alerta y desarrolla diferentes comportamientos dirigidos a obtener la atención del cuidador. Algunos son de reclamo, otros de búsqueda de aprobación o de complacencia. El objetivo de estos comportamientos es siempre asegurar el vínculo. Estos niños suelen crecer con una baja autoestima y sienten que si no se esfuerzan les acabarán abandonando.

Como adultos, es en las relaciones de pareja donde suele despertarse el dolor de esta herida. El vínculo que establecemos con nuestra pareja es equivalente, emocionalmente hablando, al que teníamos con nuestra madre, nuestro padre o las personas que nos cuidaron. Cuando vemos amenazada la relación nos sentimos de nuevo vulnerables. Por eso, cuando empezamos una relación de pareja con alguien desde el apego ambivalente, con una herida de abandono, tenemos tanto miedo que solo pensamos en preservar esa relación y nos mantenemos constantemente en alerta para reaccionar ante la menor señal de amenaza al vínculo. En estos casos la soledad se convierte en un estado indeseado en el que no sabemos permanecer, donde nos sentimos perdidos y abandonados, y esa fobia a la soledad provoca la dependencia emocional y el sufrimiento en la relación de pareja.

La dependencia y el miedo a la soledad llevan a las personas a escoger el sufrimiento en la relación, incluso a aceptar el maltrato físico y psicológico. El desprecio, la indiferencia, las malas palabras y todas aquellas cosas que nos hacen sufrir tanto. Muchas personas permanecen en la relación sufriendo durante años.

En el apego ambivalente, los comportamientos derivados de las heridas de la infancia acaban rompiendo la pareja porque el otro no lo puede sostener, se convierte en una carga emocional que termina desgastando la relación. En este tipo de apego muchas veces elegimos a una persona inadecuada. Con la intención inconsciente de sanar nuestra herida de la infancia, la escogemos por su similitud con nuestros padres, como si retomáramos una tarea pendiente. Pero como estos, no va a reparar la herida, sino todo lo contrario.

La búsqueda del amor, el cuidado y la atención del otro no sirve para sanar nuestra herida, porque el problema no está ahí sino en la fobia a la soledad, a no tener los recursos suficientes para satisfacer nuestra propia autoestima. Sin una autoestima sana, si no somos capaces de satisfacer nuestros estados emocionales por nuestra cuenta, no sanaremos nuestras heridas en una relación de pareja. Es algo que debemos hacer en soledad, conectando emocionalmente con nuestro niño interior, con la herida que sufrimos entonces.

EJERCICIO
Conectar con el niño interior

Todos podemos conectar con nuestro niño interior y establecer una relación de autoestima. Por ejemplo:

— Piensa en una situación en la que te sentiste abandonado. Trata de recordar todos los detalles: con quién estabas, dónde y cuál era el diálogo con esa persona o tu propio diálogo interno.
— Ahora trata de conectar con las emociones que surjan en este momento: cómo te sientes, en qué parte de tu cuerpo sientes el malestar. De esta manera localizas la emoción, la identificas y la dejas manifestarse. No tienes que preocuparte, es solo una experiencia que puedes interrumpir si lo deseas, pero que puedes intentar sostener.
— Trata de viajar hacia tu pasado, poco a poco, sin dejar de sostener la emoción. Pon tu mano sobre la parte del cuerpo donde la sientes y déjate llevar. Cuando llegues a un momento del pasado en que tu emoción se note más intensa, párate, observa y añade todos los detalles que seas capaz de recordar, imágenes, sonidos, voces, olores, etc.
— Luego, vuelve a viajar hacia más atrás, cuando eras más joven, hasta que vuelvas a sentir de nuevo que la emoción sobre la que mantienes tu mano se intensifica. Repite el mismo ejercicio, observa y déjate llevar. Repite esto hasta que encuentres el recuerdo más antiguo de tu infancia en el que identificas esa emoción. Si lo has hecho bien, estarás

conectando con tu niño interior. Esa emoción está conectada en todo momento con él.
- Ahora puedes tratar de dialogar con ese niño. Escucha lo que tiene que decirte, pregúntale por qué se siente así, de qué tiene miedo, qué necesita. Háblale como le hablarías a un niño, dile lo que le dirías para que se sienta bien. Utiliza palabras amables y amorosas y trata de transmitirle confianza.
- Háblale de ti, de que no está solo, dile que siempre vas a estar ahí para cuidarle. Que sabes lo importante que es para ti y le vas a proteger y atender siempre que lo necesite. Que nunca tuvo culpa de nada, que hizo lo mejor que pudo y supo, que sabes cuál es su sufrimiento, su dolor y que, como adulto, ahora tienes todos los recursos para cuidar de los dos.
- Puedes hacer este ejercicio siempre que lo desees. El propósito es establecer una relación de autocuidado y de autorresponsabilidad. Somos nosotros, como adultos, los que debemos cuidar de nuestras emociones, no los demás. La relación más importante de nuestra vida es la que tenemos con nosotros mismos, debemos ser conscientes de ello y de que nuestro niño interior existe, que se manifiesta en cada una de nuestras emociones y que esas emociones son una llamada que debemos atender. Debemos hablarle, escucharle, atenderle y ponerle atención. Eso es autoestima.

EL PERDÓN

Al ser conscientes de que no fuimos bien tratados en la infancia y que esto nos ha causado una herida emocional podemos pensar que nos han condicionado y estropeado la vida, echando la culpa a nuestros padres, a los causantes de esa herida. Lo cierto es que, salvo algunas excepciones, nuestros padres hicieron lo que pudieron con los recursos de los que disponían. Ellos también cargaban con sus propias heridas, que no solo son la causa de la dependencia emocional, sino también de la depresión, los trastornos de la personalidad y la ansiedad. Culparlos es aferrarnos a nuestra herida. Debemos ser capaces de perdonar.

No hay que confundir el perdón con la aprobación. El perdón consiste en comprender realmente que nuestros padres hicieron lo que pudieron, aunque lo hicieran mal. Que no sabían hacerlo mejor y no los podemos culpar por ello, pero sí podemos sanar nuestra herida, responsabilizarnos de ella y hacerlo mejor con nuestros propios hijos.

La herida es una señal que nos advierte de que debemos aprender algo que no pudimos aprender en la infancia, porque nuestros cuidadores no nos proporcionaron los recursos para hacerlo. Y seguramente ellos tampoco los tuvieron en su momento. Esta señal nos recuerda que, como adultos, ya podemos encontrar los recursos para sanar.

11

LA HERIDA DE HUMILLACIÓN

Las heridas de la infancia se produjeron en la temprana niñez, en un momento en que el niño era muy vulnerable. Imaginemos la siguiente situación entre una niña y su madre:
—Mamá, ¡mira qué buenas notas he sacado!
—Buf, ¡qué mediocres! Espero que la próxima vez saques algún sobresaliente.

Cuando la niña muestra las notas a su madre le está abriendo su corazón, así que se encuentra en una situación muy vulnerable. ¿Qué pasa cuando la madre o el padre la descalifica diciéndole que no tiene motivos para alegrarse, que vaya tontería que ha dicho, que esto no sirve para nada, que eres tonta, que no vas a ser nadie en la vida, que eso que te has puesto es ridículo? La humillación se dirige a la niña en un momento de máxima ternura en el que abre su corazón ante la persona que la quiere, que cuida de ella, de la que depende absolutamente.

Un niño necesita una figura de apego para sobrevivir. Sentirse invalidado lo hace conectar con un miedo muy profundo. ¿Quién le va a querer si es tan insignificante? Luego, para combatir ese miedo, crea mecanismos de defensa.

En este caso hablamos de la herida de humillación. Para no sufrir, el niño asume esa humillación, acaba asumiendo la creencia de que realmente no vale, de que no tiene motivos por los que sentirse orgulloso ni cualidades que vayan a ser valoradas. Cree que no tiene derecho a pedir ni a exigir, y que si lo hace le tildarán de egoísta y le volverán a humillar.

El precio del amor es portarse bien para que mamá y papá no se enfaden, dando por hecho que él es defectuoso, una molestia, que no tiene valor. Tratando de ser bueno se olvida de sí mismo, pone el foco en los demás y tratará de complacer, de cuidar, de ayudar, porque así ganará valor.

En el olvido de sí mismo en el que asume la humillación como algo merecido, se desarrolla un carácter masoquista que implica no solamente un pobre concepto de sí mismo y creer que no tiene derecho a ser ni a pedir, sino que acepta que no lo traten bien.

Pocas veces nos damos cuenta de que, en la relación de pareja, reproducimos la relación que tuvimos con la madre o el padre. Muchas personas tienden a escoger parejas que las humillan y las desprecian porque les resulta familiar. Cuando esta herida reaparece en la edad adulta, dejamos de pensar en nosotros mismos. Toda iniciativa tendrá como centro de atención a la pareja, desarrollándose un estilo de relación que depende de la aprobación del otro. A menudo esta herida está presente también en relaciones con profundos sentimientos de admiración hacia el otro. Vemos a la otra persona como alguien maravilloso que está a nuestro lado porque hemos tenido suerte, no por merecerlo, y es imperativo hacer un gran esfuerzo por complacerla para que no nos deje.

La admiración es uno de los componentes del amor, pero debe ser objetiva y equilibrada, no por comparación con nuestra falta de valía, por considerarnos a nosotros mismos defectuosos o insuficientes.

De nuevo, la necesidad de aprobación proviene del miedo a perder a la otra persona, y nuevamente nos encontramos con la herida de abandono. En estas circunstancias, es muy difícil disfrutar de la relación, porque el único objetivo es complacer al otro y recibir su aprobación.

Esta actitud se reproduce en las relaciones sexuales. No solamente priorizamos el placer del otro, sino que también nos sentimos físicamente inferiores. Nos cuesta creer que seamos atractivos para nuestra pareja. Las cosas van bien, tu pareja quiere estar contigo, tiene ganas de tener sexo, pero aun así tú sientes que no le atraes, no solo psicológicamente sino también físicamente, lo que desencadena la incapacidad de sentir placer, vergüenza de mostrar el cuerpo, aversión a pedir aquello que te gustaría hacer, como si fuera algo bochornoso a lo que no tienes derecho.

EL CARÁCTER MASOQUISTA

El carácter masoquista resultado de la herida de humillación en ocasiones está relacionado con problemas alimentarios: comer poco o comer demasiado. Comer mucho es una forma de compensar la carencia de placer en la vida. Si no me permito experimentar placer en mi relación porque centro todas mis energías en complacer a mi pareja, trato de compensarlo comiendo. Comer no es solo una forma de sentir placer, sino también de soportar la carencia y el sometimiento, la percepción de falta de amor.

Otra actitud que forma parte del carácter masoquista es la tendencia a culpabilizarnos, humillarnos y castigarnos cada vez que nos enfrentamos a una queja de nuestra pareja. El otro nos critica, nos humilla en público o descalifica nuestro esfuerzo y, en lugar de defender nuestras acciones, nos culpabilizamos interiormente.

Cuando estás esperando rechazo y descalificación, es muy difícil expresar tus deseos o necesidades. Pero siempre existe el anhelo de un gesto amable por parte del otro y, cuando lo tiene, se valora de manera desmedida, no como algo normal.

En una relación sana, ambos miembros son iguales y tienen valores equivalentes. Se respetan y se apoyan mutuamente. Si nos sentimos esclavos en la relación y hemos perdido nuestra libertad y energía, es hora de reflexionar y buscar un equilibrio saludable.

Debemos tratar de recordar y valorar las cosas buenas que nos definen y las que hemos hecho por los demás, así como los logros que hemos alcanzado a lo largo de nuestra experiencia. Es esencial encontrar estos valores y recordarlos para salvaguardar nuestra autoestima. A menudo caemos en un sesgo donde solo nos enfocamos en lo malo, cualquier error o torpeza confirma que somos menos que el otro, nos avergonzamos enseguida por cualquier cosa y dejamos de ver lo positivo, la bondad detrás de nuestras acciones.

Es necesario trabajar en construir una buena autoestima, darnos valor, cuidarnos a nosotros mismos, ser asertivos, comunicar necesidades y deseos, cuidar de nuestro cuerpo y de nuestra salud, dedicarnos tiempo y, sobre todo, no permitir ninguna humillación, ningún desprecio. Nadie que te quiere te trataría así, y si alguien te quiere y no te haces valer, tarde o temprano te dejará de querer. Nadie te quiere ni te valora si no lo haces tú mismo.

> EJERCICIO
> ## La lista de mis virtudes
>
> Es muy buena idea escribir una lista de todas las situaciones que seamos capaces de rescatar de nuestra memoria referentes a: logros que hayamos conseguido; casos en los que hayamos ayudado a otros; recompensas que hayamos recibido, de cualquier tipo, por nuestros méritos; cuando nos hayan ascendido en el trabajo, etc.
> También podemos escribir otra lista donde mencionemos las veces que otras personas nos han valorado, como: agradecimientos por nuestro esfuerzo, por regalos que hayamos hecho; elogios que hayamos recibido; las veces que nos hayamos sentido admirados por algo; casos en que nos han pedido consejo, etc.
> Y otra en la que tengamos presentes a las personas que nos quieren: nuestros familiares, nuestros amigos, nuestra pareja, etc. Es importante reconocer el amor de los demás y que si nos quieren es porque tenemos un valor importante.
> Este tipo de listas es algo que deberíamos repasar de manera cotidiana. Cada día podemos dedicar un tiempo para conectar con todo lo bueno que somos y que tenemos, para sentirnos agradecidos. Así nunca necesitaremos la aprobación de los demás. Si no la recibimos será porque no nos conocen bien o porque tienen algún tipo de problema personal.

Darnos prioridad a nosotros mismos dentro de la relación no es egoísmo, sino asegurarnos de estar bien para poder cuidar de los demás. Si nos valoramos a nosotros mismos, nuestra pareja también lo hará.

Es crucial eliminar la humillación que procede de nuestro propio diálogo interno. A menudo nos criticamos a nosotros mismos diciéndonos que somos inútiles o inferiores a los demás, que no somos capaces de hacer las cosas bien, que no lo conseguiremos nunca. Ese tipo de diálogo interno debe cortarse de raíz. No debemos permitir que nadie nos humille, pero tampoco podemos ser nosotros mismos quienes nos humillemos. Debemos utilizar herramientas para cambiar ese diálogo interno y reemplazarlo por uno de autorrespeto, reconociendo que somos seres humanos valiosos y merecedores de amor y respeto. El equilibrio es la base de una relación sana y satisfactoria. No te permitas ser humillado por otros ni por ti mismo. Valora quién eres y busca relaciones donde se promueva el respeto mutuo y la valoración sincera.

EJERCICIO PARA CAMBIAR EL DIÁLOGO INTERNO NEGATIVO

El mejor ejercicio que podemos hacer para mejorar este diálogo interno surge a partir de una premisa: en vez de pensar que tenemos una personalidad, imaginemos que en nuestra psique conviven diferentes personalidades: una puede ser bondadosa, otra cuidadosa o miedosa, otra divertida y desenfadada u otra provocativa o retadora. Cada uno puede identificar estas diferencias y tratar de darles una voz.

Así, cuando tengamos un diálogo interno en el que nos demos cuenta de que nos sentimos mal, podemos empezar a indagar cuál de esas personalidades nos está acusando o descalificando, nos está presionando o amenazando, etc. y luego tratar de encontrar otra parte de nosotros que argumente, que nos defienda, dando voz a las partes más desfavorecidas. Por supuesto aquí encontraremos la voz del niño interior, pero también la de una parte bondadosa de nuestra personalidad que cuide de él o de una poderosa que lo defienda. Por ejemplo, si me digo: «no puedo más, esto es demasiado para mí, no lo voy a soportar»; también puedo encontrar en mí una parte poderosa que me diga: «claro, es demasiado, pero otras veces también lo era y lo superamos; sabemos que tenemos fuerzas que no utilizamos, sabemos que hemos superado momentos peores que este y nos hemos hecho más fuertes y nos han servido para mejorar nuestra vida». Otra parte más positiva puede decir: «no te preocupes tanto, no te mereces tanto sufrimiento, te puedes permitir un descanso, un regalo, podemos olvidar esto, dejar de luchar y dedicarnos a hacer aquello que más nos guste». Otra parte más agresiva puede decir: «si no lo puedes soportar no lo debes soportar, ahora mismo vamos y le decimos a esa persona que se acabó, que no vamos a aguantar más, que qué se ha pensado y si se pone difícil le vamos a mandar a la...».

Todos podemos trabajar en esto. No es ninguna fantasía. A menudo olvidamos quiénes somos y las cosas buenas que tenemos. Si damos voz a esas partes, el dolor se diluye, la interpretación de los problemas cambia y las esperanzas aparecen en el horizonte. Un diálogo interno así es muy poderoso y se traduce en una autoestima a prueba de bombas.

La autoestima es fundamental para sanar y para restaurar nuestro verdadero valor como personas. Y no solo para tener una relación sana, sino también para aprender a ser felices.

12

LA HERIDA DE RECHAZO

Imaginemos a una niña que siente una intensa necesidad de cariño. Acude a los brazos de su padre en busca de afecto, pero en vez de recibirlo se encuentra con una respuesta de rechazo. Ella interpreta que es una molestia. No solo no se siente amada, sino que percibe que hay algo desagradable en ella. El padre está ocupado, nervioso o, simplemente, no tiene ganas de atenderla en ese momento, y la rechaza con una respuesta brusca, gritando que le deje en paz o que espere a más tarde. Este tipo de rechazo causa un profundo dolor y frustración en la niña, que no solo no ha recibido la atención que necesitaba, sino que se siente mal consigo misma por no ser merecedora de ello.

Este rechazo puede conducir a una autodevaluación, es decir, a que la niña piense que no vale lo suficiente para ser amada. Relaciona su necesidad emocional no satisfecha con algo negativo respecto a su propio valor. Esto ocurre de manera inconsciente, es una asociación simple. Se trata de una niña pequeña que aún no tiene la capacidad de razonar de manera compleja. Por eso la herida queda marcada con tanta profundidad.

En ocasiones, los padres pueden estar ausentes o desconocer las necesidades emocionales de sus hijos. Independientemente de esto, los niños tienden a culparse a sí mismos y, para evitar sentir dolor y frustración nuevamente, aprenden a ejercer control sobre sí mismos y a reprimir sus necesidades emocionales.

A medida que el niño crece comienza a racionalizar su comportamiento y a internalizar mensajes como «no seas débil», «no llores», «no te quejes», lo que contribuye a reafirmar su estructura de control emocional.

En la mayoría de las ocasiones, esto es la consecuencia de la devaluación de sus emociones por parte de un progenitor u otra figura de apego. Es frecuente que a los niños se les diga que no deben llorar, que no deben parecer débiles, que son demasiado sensibles, que tienen que ser duros, que no deben tener miedo, que deben aparentar seguridad...

En otros casos, se trata de niños que han crecido en familias en las que no se habla de sentimientos, para las que las emociones están mal vistas, son cosas que uno tiene que quedarse para sí mismo, que no le importan a nadie y que dan mala imagen.

Otras veces el mensaje que recibe el niño es que la vida es difícil, que hay que dejar las emociones aparte para avanzar, que los sentimientos solo entorpecen la capacidad de tomar decisiones, que las personas emocionales no llegan a ningún sitio.

También entran en esta categoría los mensajes machistas. Muchos niños han escuchado en su infancia que no hay que comportarse como una mujer, que hay que ser fuerte e impasible, que las emociones son cosas de mujeres y hay que ocultarlas o eliminarlas, que los hombres no lloran...

Todas estas creencias se convierten en verdades. El niño forma con ellas una coraza que le sirve para no exponerse, para no mostrar su vulnerabilidad y así no ser herido. Son creencias que quedan arraigadas para toda la vida y, si no se reestructuran, quedan enterradas en el subconsciente. Solamente afloran cuando alguien los rechaza o cuando temen ser rechazados. Entonces la herida funciona como un resorte que provoca un cierre emocional y una retirada. De ahí su preferencia por las relaciones superficiales.

A pesar de su intento por controlar los sentimientos, estos no desaparecen y, en algún momento, las necesidades emocionales surgen y se manifiestan. Todos tenemos necesidades emocionales que deben ser atendidas, y reprimirlas constantemente obliga a vivir siempre en alerta, controlando cualquier detonador. Cuanta más ansiedad siente la persona insegura, más miedo tiene a un encuentro emocional, ya sea positivo o negativo, ya que cualquiera de los dos puede despertar la herida.

Esta necesidad de control se traduce a menudo en una tendencia al perfeccionismo, una búsqueda de la excelencia o la eficacia que trata de compensar sus sentimientos de inadecuación, la búsqueda constante de reconocimiento y éxito como una forma de enmascarar su baja autoestima.

Es vital fomentar el aprendizaje emocional y la conexión en las relaciones. A través de la introspección, el apoyo emocional adecuado y el trabajo personal, es posible superar los efectos del rechazo temprano y construir relaciones más satisfactorias y auténticas en la vida adulta.

SANAR LA HERIDA DE RECHAZO

El primer paso para superar la herida de rechazo es reconocer y aceptar que existe un patrón de evitación emocional en tu vida. Esto implica tomar conciencia de las creencias y estructuras emocionales que has desarrollado como mecanismo de protección.

Es esencial aprender a expresar las emociones de manera saludable y entender que ser emocional no es una debilidad, sino una parte natural del ser humano. La búsqueda de apoyo profesional a través de terapia individual o de pareja puede ser de gran ayuda para abordar estas heridas emocionales y trabajar en el desarrollo de relaciones más auténticas y satisfactorias.

Reconocer y abordar estas heridas te permitirá disfrutar de conexiones emocionales más profundas y significativas en tus relaciones, lo que contribuirá a una vida más plena y enriquecedora. La sanación de estas heridas es un proceso desafiante pero valioso que puede conducir a un mayor bienestar emocional y una mayor satisfacción en las relaciones interpersonales.

13

LA HERIDA DE INJUSTICIA

Normalmente, cuando hablamos del apego evitativo, nos referimos a la herida de rechazo, pero existe otra herida estrechamente relacionada con este estilo de apego: la herida de injusticia. Esta herida genera un gran malestar en la relación y en la persona que la padece, lo que puede llevar a una evitación o distanciamiento de la pareja. Es una herida difícil de comprender. Implica una persistente sensación de injusticia. Por ejemplo, cuando en una relación das más que tu pareja y ves que te esfuerzas mucho por el bienestar de la relación, pero no ves el mismo nivel de esfuerzo por su parte.

Esto puede crear una percepción de desigualdad que lleva al sentimiento de injusticia, aunque no sea necesariamente real. Los evitativos tienden al perfeccionismo, por lo que habitualmente el esfuerzo que ponen en la relación es mayor que el de su pareja. Esta sensación de injusticia crece y se fortalece con el tiempo, ya que siempre están juzgando el comportamiento de los demás.

Otro escenario en el que se manifiesta esta herida es cuando se intenta mejorar la relación en algún aspecto, como la economía, las actividades sociales con amigos o la planificación de viajes. El esfuerzo extra que pone el evitativo para que todo funcione puede llevarle a sentirlo como un sacrificio que su pareja no comparte de la misma manera. Nuevamente, la percepción de injusticia surge de la comparación y del deseo de reconocimiento.

Esta búsqueda de reconocimiento puede llevar a una decepción cuando no se obtiene la valoración esperada por parte de la pareja. Esto contribuye al malestar y al alejamiento progresivo. Además, esta herida también se manifiesta cuando salen a la luz los defectos de la pareja, que a menudo tienen que ver con la comparación con el esfuerzo excesivo que hacen ellos para ser perfectos.

Así, se crea una tensión en la relación, miedo a hacer las cosas mal, a los defectos y a la necesidad de ser perfecto. Este afán de perfeccionismo se traduce en una vigilancia constante y en la proyección de esos miedos e inseguridades en la pareja.

La herida de injusticia es la consecuencia de la manera en que el niño intentó compensar la falta de amor. El niño percibió que no era amado, lo cual pudo no ser cierto, pero él lo vivió así. Para sentirse bien y recibir la atención de sus padres se esforzó por ser bueno, correcto y perfecto. El evitativo fue el niño que lo hacía todo bien, que acumulaba méritos y recibía aprobación y reconocimiento de sus padres, lo que le brindaba una sensación de bienestar.

Cuando la figura de autoridad, que suele ser el padre con mayor frecuencia, no devuelve ese reconocimiento, sino que, por el contrario, critica o reprende al niño, aparece el sentimiento de injusticia. A pesar del esfuerzo, el niño recibe castigos, comentarios negativos, desprecio o simplemente falta de amor. También puede tener su origen en las relaciones entre hermanos en las que se percibe una desigualdad en el trato recibido entre ellos. Esta herida puede arrastrarse hasta la edad adulta y afectar diferentes tipos de relaciones, tanto familiares como laborales y de amistad. Además, en la vida adulta, esta herida también se asocia con sentimientos de culpa que el niño percibe como si realmente estuviera haciendo algo mal o fuera insuficiente. Estos elementos están estrechamente vinculados con el apego evitativo.

RIGIDEZ CON LA PAREJA

Otro elemento importante, aunque menos visible, es un impulso interno de corregir lo que considera injusto, como si algo estuviera mal y no pudiera aceptarlo sin hacer nada. Esta rigidez puede causar muchos problemas en la relación de pareja, ya que se transmite como una crítica juiciosa que puede dañar la relación, crear malestar y acabar con una retirada emocional.

Es importante entender que este impulso es involuntario y surge casi inconscientemente. Cuando el evitativo se da cuenta, ya está inmerso en esa situación y le resulta difícil salir de ahí. Además, se debe a la necesidad de sentirse bien, lo cual solo conseguirá resolviendo la injusticia. Esta fijación y rigidez pueden llevar a la persona con apego evitativo a querer cambiar las cosas para sentirse bien consigo mismo. Esto puede generar conflictos con la pareja y que se perciba como violencia.

Estas situaciones no solo se producen en las relaciones de pareja, sino que pueden manifestarse en cualquier tipo de relación, como con amigos o en el trabajo. Este afán de perfeccionismo y corrección se va formando a lo largo de la vida a partir de creencias y valores sobre lo que es correcto o incorrecto, moral o inmoral, aceptable o no, y cómo deben ser las personas y sus acciones.

Además, la dificultad empática es otro obstáculo en sus relaciones. Al ver las cosas de forma dicotómica, cualquier diferencia con la forma en que ellos hacen las cosas se percibe como un error. Esto les impide comprender a la otra persona y dificulta la comunicación.

Las personas con herida de injusticia viven con una constante sensación de culpabilidad. Tienden a reaccionar de manera defensiva ante cualquier comentario y tratan de buscar fallos en el otro para aliviar su culpa, lo cual agrava los problemas de comunicación y relación.

En consecuencia, pueden recurrir a castigos y a retirar su afecto cuando las cosas no salen como desean. Para ellos, amar a alguien con defectos es complicado, ya que rápidamente sienten el impulso de culpar y castigar.

CÓMO SANAR LA HERIDA DE INJUSTICIA

Si tú estás herido de injusticia debes aprender a relajarte y aceptarte tal y como eres, permitiéndote cometer errores y aceptando tu propia humanidad. A partir del trabajo personal podrás mejorar la relación con tu pareja. Aprender a ser más comprensivo y compasivo contigo mismo y con los demás es un paso fundamental para tener una relación más saludable y satisfactoria.

Es importante también entender la necesidad de conectar con uno mismo y ser auténtico al comunicarte con los demás, es decir, expresar tus emociones y sentimientos. En ocasiones, debido a la presión del perfeccionismo, es difícil expresar aquellos sentimientos que consideramos negativos o de los que nos sentimos avergonzados, o con los que quizás no estamos de acuerdo.

Es fundamental aprender a aceptar las injusticias, tanto las que nos afectan a nosotros mismos como a la pareja o al mundo en general. Reconocer que las injusticias son parte de la realidad y del mundo en el que vivimos, que nunca desaparecerán por completo, nos permite convivir con ellas. Sin embargo, esto no significa que debamos permitirlas sin hacer nada al respecto. Es válido esforzarnos por hacer las cosas bien, por mejorar, pero es importante hacerlo desde una perspectiva realista, aceptando las limitaciones propias y ajenas como algo que pertenece a la naturaleza humana.

EJERCICIO PARA SABER SI ERES UN PERFECCIONISTA

Es muy frecuente que, cuando a una persona perfeccionista se la acusa de serlo, lo niegue. Para averiguar si eres una persona así, puedes hacerte estas preguntas:

— ¿Sientes una necesidad impulsiva de tener y demostrar que tienes razón?
— ¿Sientes, a menudo, que los demás están muy equivocados y que tienden a hacer la cosas mal?
— ¿Eres dado a las discusiones y te cuesta concluirlas hasta que no consigues que la otra persona se dé cuenta de que está equivocada?
— Cuando te equivocas o te hacen ver que te has equivocado, ¿pasas mucho tiempo dándole vueltas al tema en tu cabeza hasta que encuentras algo que demuestre que tenías razón?
— ¿Tiendes a ser crítico con los demás, a juzgar y expresar lo que hacen o razonan mal?
— ¿Tiendes a dar muchos consejos e instrucciones sin que te lo hayan pedido e insistes si no siguen bien tus indicaciones?
— ¿Te frustra que los demás no actúen como deberían hacerlo o como tú les has indicado?

> — ¿Te sientes deprimido o ansioso cuando te das cuenta de un error que has cometido o de que no has actuado de manera correcta delante de alguien?
> — Y, sobre todo, ¿piensas que estas preguntas u observaciones son algo normal, que es correcto ser así? ¿Piensas que es una obligación ser correcto e impulsar a los demás a que lo sean?

El problema del perfeccionismo reside en la creencia de que hay una verdad, de que si las cosas no son correctas es que están mal. Resulta en una visión dicotómica: si no es como yo creo que debe ser, es que está mal. Esto es en sí una postura de superioridad que, aunque puede ser acertada en ocasiones, no permite la comprensión empática de los demás ni una proximidad emocional, puesto que el perfeccionismo omite o no expresa los aspectos emocionales negativos de uno mismo y hace sentir mal al otro, que se ve desfavorecido en la comparación.

14

LA HERIDA DE TRAICIÓN

Para comprender la herida de traición es necesario describir lo que se conoce como «confianza básica».

Cuando un bebé nace, trae consigo la confianza en que todas sus necesidades serán satisfechas y se sentirá bien. Desde sus primeros días, el bebé experimenta una sensación de bienestar. Sin embargo, cuando empiezan a surgir necesidades como hambre, sueño o frío y no puede satisfacerlas, comienza a perder esa confianza inicial. Se da cuenta de que puede pasar por momentos difíciles y que no está garantizado que todo estará bien y sus necesidades cubiertas.

Esto genera miedo en el bebé, ya que desconoce por qué no llegan los alimentos o por qué tiene frío. Sin embargo, puede recuperar esta confianza básica a través del vínculo seguro con su cuidador, normalmente la madre. Cuando la madre atiende las necesidades del bebé de manera oportuna y amorosa, el bebé se siente nuevamente conectado y seguro, como lo estaba en el útero.

A medida que el niño crece comienza a comprender lo que ocurre a su alrededor y a identificar a la madre como la persona que satisface sus necesidades. Aunque al principio no es consciente de estar separado de ella, con el tiempo esta figura externa se va consolidando. Sin embargo, si la madre no satisface las necesidades del niño o le causa daño emocional o físico, el niño puede desarrollar un trauma importante. Este trauma puede surgir en diferentes etapas de la vida, incluso en la adolescencia. Puede ser consecuencia de abusos, agresividad, violencia o incluso de mensajes negativos como descalificaciones, insultos y desprecios que minan la autoestima del niño. Estos mensajes destruyen la calma del niño y lo conectan con un miedo atroz que para él hasta entonces era desconocido.

Es relevante entender que estos traumas también afectan la percepción que el niño tiene de sí mismo, generando una imagen negativa, como si no mereciera el amor y el cuidado que todos necesitamos cuando somos pequeños. La confianza básica nos dice que merecemos ser amados, y cuando alguien que debería brindarnos ese amor nos lastima, esas heridas pueden tener un impacto profundo en cómo nos vemos a nosotros mismos.

Es crucial comprender estas dinámicas para sanar las heridas de traición que puedan haber surgido en nuestra infancia o en etapas posteriores de nuestra vida. La curación puede requerir la búsqueda de apoyo emocional, la terapia psicológica y trabajar en la construcción de una imagen positiva de uno mismo. Solo así podremos restablecer la confianza en nosotros mismos y en los demás.

El niño percibe a la madre como si fueran dos personas: una buena y una mala. Cuando la madre está presente o interactúa con el niño, este no sabe qué va a pasar, ya que no tiene ningún control sobre su comportamiento ni sobre las circunstancias. No puede saber qué versión de la madre se presentará: la que le quiere mucho, le abraza y le trata bien, o la que puede ofenderlo o maltratarlo.

Estas madres suelen tener, a su vez, un apego desorganizado debido a sus experiencias de la infancia, lo que puede generar una disociación y la sensación de tener dos personalidades. Por momentos pueden ser cariñosas, atentas y amorosas, pero también ofensivas o maltratadoras. Esta inconsistencia en el comportamiento de la madre crea una sensación de imprevisibilidad en el niño.

El bebé intenta controlar esta situación evitando a la madre o tratando de reclamar, las dos conductas típicas del apego inseguro, pero debido a lo imprevisible del comportamiento de la madre no consigue calmar su ansiedad, se vuelve hipervigilante y desconfiado, y aprende a observar para anticipar su reacción. Desarrolla una gran necesidad de control, tanto sobre sí mismo como sobre los demás. Esto se debe a que evita sentir el profundo dolor que surge cuando cree haber sido traicionado por la figura de apego en la que ha depositado su confianza más profunda, sobre todo en sus momentos más vulnerables.

El trauma de la traición provoca una ruptura en la confianza que se había depositado en la figura de apego, y la desconfianza se acaba convirtiendo en una sensación omnipresente. Ya no confía en nadie ni en nada. Esto es la ruptura de la «confianza básica» y provoca un cansancio vital por no poder relajarse nunca, porque cuando baje la guardia le harán daño.

La herida de traición tiene una gran influencia en la vida del individuo, llevándolo a tratar de controlar todo lo que está a su alcance para evitar ser lastimado nuevamente. En la necesidad de control, la persona busca anticiparse para evitar el dolor. Esto ocurre tanto en niños como adultos, incluyendo parejas. La necesidad de control genera una gran tensión, dificulta la tranquilidad, no les permite fluir normalmente. Y cuando consiguen dejarse llevar, esa misma tensión se convierte en intensidad emocional e impulsividad en sus relaciones.

No solo intentan controlar, sino que también están vigilando todo lo que se dice y se hace, buscando indicios de mentiras o manipulaciones, cuestionando el amor y la sinceridad de los demás. Esto los lleva a ser objeto de desconfianza para ellos mismos y para los demás.

Esta desconfianza es una manera de autoprotegerse que les dificulta confiar incluso cuando hay motivos para hacerlo. Les cuesta bajar la guardia y mostrarse vulnerables. Esta dinámica es un reflejo de lo que experimentaron con sus madres u otras figuras primarias en su infancia: se crea una división o disociación interna. Cuando confían, se entregan con intensidad y cariño, pero en momentos de desconfianza pueden volverse fríos y se retiran rápidamente. Si la situación se vuelve difícil o hay mucha tensión, pueden romper la relación y marcharse. En otras ocasiones actúan como víctimas o son agresivos, haciendo demandas exageradas o acusaciones sin fundamentos claros. En definitiva, este es el resultado de la suma de los dos estilos de apego inseguro, el evitativo y el ambivalente, en patrones caóticos e imprevisibles que provocan en estas personas una sensación de descontrol e incapacidad para la estabilidad emocional.

La persona con apego desorganizado se encuentra dividida, como si fueran dos personas en una. Por un lado, lucha por estar con la persona que ama, es intensa, puede pedir disculpas y es entregada. Por otro lado, necesita protegerse para evitar ser herida nuevamente. Cada vez que se siente vulnerable pone en marcha mecanismos de defensa para alejarse de la otra persona, pudiendo llegar a ser agresiva o insultante. Siente que la otra persona le va a engañar o traicionar, como ocurrió en su infancia, y por eso se aleja para protegerse.

Esta lucha interna le causa un profundo sufrimiento difícil de comprender, especialmente para su pareja. A veces, en esa lucha interna pueden decir mentiras o inventarse cosas, ya que no pueden sostener ambas realidades al mismo tiempo. Esta división puede llevarlos a interpretar lo que la otra persona dice o hace de manera distorsionada, alternando entre creer que son amados y que están siendo traicionados. La confusión resultante de esta dicotomía puede hacer que el desorganizado sienta que se está volviendo loco. En un intento por sostener estas dos partes internas puede inventar argumentos y creencias que justifiquen ambas realidades, aun cuando no haya hechos concretos que las respalden. Es una forma de sobrellevar la complejidad emocional que experimenta.

En resumen, el apego desorganizado es una combinación de apego ambivalente y apego evitativo, y puede generar una dinámica complicada en las relaciones. Para superar estas dificultades es fundamental buscar apoyo emocional y terapéutico, trabajar en la sanación de las heridas emocionales y desarrollar una comprensión más profunda de uno mismo.

APRENDER A PERDONAR

En la mayoría de los casos, las víctimas de la herida de traición viven en un estado de ánimo fluctuante, alternando entre la ansiedad, la depresión y la intensidad. Este estado de caos interno hace que sea muy difícil ayudarlos o mantener una relación estable con ellos.

La clave para superar este tipo de apego es aprender a perdonar, lo cual es una tarea complicada. Cargan con un dolor profundo, especialmente porque la herida de traición es la más dolorosa de todas. La herida de traición puede incluir los abusos sexuales o la violencia doméstica, que resultan extremadamente difíciles de perdonar. No obstante, el perdón es liberador.

El proceso de perdón y sanación es fundamental para superar estas heridas emocionales y lograr relaciones más saludables y equilibradas. Sin embargo, esta tarea no es sencilla, y la comprensión, el apoyo y la paciencia son fundamentales para ayudar a estas personas.

También es importante que se perdonen a sí mismos. Se culpan por no haber sabido conseguir el amor, por no haberlo merecido. Necesitan darse cuenta de que son personas normales y merecedoras de amor, al igual que los demás, y que si encuentran a alguien que los quiera de verdad no tienen por qué desconfiar.

Para trabajar en la autoestima, que es fundamental en cualquier estilo de apego inseguro, debemos aprender a integrar esas partes enfrentadas. Mantener un diálogo interno en el que estas dos partes puedan reconciliarse es esencial para buscar un camino de trabajo en equipo que permita aproximarse a una vida más estable y una relación más saludable.

Aprender a confiar implica colaboración y comunicación con nuestra pareja. Abrir nuestro corazón en un espacio seguro y expresar nuestros sentimientos, emociones, problemas e inquietudes nos ayuda a construir una base sólida de confianza. Preguntar y dar oportunidades para dar explicaciones, mostrando respeto y cariño, es una forma de fortalecer la confianza en la relación.

SEGUNDA PARTE
EL CAMINO DEL CAMBIO

15

¿SOLO TENEMOS UN ESTILO DE APEGO?

Muchas personas, cuando tratan de averiguar cuál es su estilo de apego, descubren que no encuentran una respuesta clara. Tienen rasgos de uno de los estilos, pero también de otro, dependiendo del momento o de la relación. Esto es completamente normal. En la infancia vivimos diferentes situaciones y tuvimos distintas figuras de apego, por lo que desarrollamos muchas estrategias de todo tipo.

En el caso del apego seguro, en la mayoría de las personas que se identifican con él podemos encontrar rasgos de apego inseguro, o tuvieron este estilo de apego en el pasado y pudieron trabajarlo.

Puede ocurrir que una persona con apego seguro empiece una relación con un ansioso ambivalente y se despierte en ella un patrón de apego evitativo que no sabía que tenía. Y más frecuente aún es que una persona con apego seguro inicie una relación con alguien con apego evitativo y desarrolle un apego ansioso ambivalente, con mucha ansiedad, dependencia y sin recursos para gestionarlo, cuando nunca les había sucedido.

Estos estilos de apego que aparecen en la etapa adulta duran mucho tiempo. La inseguridad que conllevan no desaparece rompiendo la relación, ya que se reproduce cuando aparece una nueva pareja. Por lo tanto, podemos pensar que no tenemos un solo estilo de apego, aunque haya alguno que predomine sobre los demás.

Las estrategias de apego que aprendimos en primer lugar forman una base sobre la que vamos construyendo nuestra personalidad. Las heridas más tempranas marcan el carácter y son las que menos podemos gestionar porque se despiertan de manera automática e inconsciente, pero es fácil darse cuenta de que no nos duele una sola herida. Por desgracia, la mayoría de nosotros hemos tenido padres que fallaban, que no sabían o que no podían, que tenían sus propias heridas y nos las transmitieron a nosotros.

LA INFLUENCIA DE NUESTROS PADRES

En las relaciones de pareja repetimos patrones que aprendimos de nuestros padres. Es normal que tuviéramos diferentes tipos de apego con el padre y con la madre, y dependiendo del tipo de relación que tengamos con nuestra pareja podemos reproducir uno u otro.

¿Alguna vez has tenido una pareja que se parecía a uno de tus progenitores? ¿Te atraen personas parecidas a tu padre o a tu madre? En cierto modo, tratamos de resolver el conflicto que tuvimos con alguno de nuestros padres a través de la relación con nuestra pareja. En consecuencia, cabe pensar que escogemos pareja para resolver nuestras inseguridades emocionales pendientes.

Una relación de pareja es una oportunidad. En cuanto se despiertan nuestras heridas también se abre la ocasión para profundizar en ellas y encontrar la manera de sanarlas. El apego inseguro es consecuencia de la falta de recursos emocionales. Si la relación lo permite, si trabajamos en ello y la otra persona colabora y también trabaja en las suyas, una relación de pareja es el lugar donde mejor podemos sanar nuestras heridas y realizar un buen trabajo de crecimiento personal.

16

LA GESTIÓN DE LA ANSIEDAD

La ansiedad está presente en todas las formas de apego inseguro, incluso el evitativo.

En el apego ansioso se ve con claridad. Es un estilo de apego que siente una ansiedad constante. Sucede cada vez que la pareja no parece estar disponible, transmite indiferencia, aparece una tercera persona o, simplemente, no está diciendo constantemente que te quiere.

En el apego evitativo también hay ansiedad, aunque no sea evidente. De hecho, la evitación es una anticipación a la ansiedad. Cuando la persona evitativa se encuentra ante un conflicto emocional o en una situación de intimidad en la que siente una gran demanda afectiva, reacciona retirándose. Necesita apartarse y lo hace sin mostrar ninguna emoción. Así, podríamos decir que lo que evita este estilo de apego es la ansiedad emocional, por lo que es la ansiedad la que condiciona su comportamiento.

Y finalmente, en el apego desorganizado la ansiedad no solo está relacionada con las circunstancias, al igual que en los dos otros estilos de apego, sino que surge de cualquier pensamiento independiente de los hechos. A veces la mera posibilidad de una sospecha, como que tu pareja te esté engañando, te esté manipulando o simplemente no te ofrece la confianza suficiente, puede despertar una gran ansiedad, aunque nada de esto esté sucediendo. Pensarlo puede ser suficiente para activar todas las alarmas y la ansiedad se hace insoportable.

La ansiedad en el apego inseguro es muy destructiva porque responde a una herida de la infancia. Donde se ve con más claridad es en el apego ansioso. Su herida suele ser la de abandono. En algún momento de su vida se sintió abandonado. Para un bebé, el miedo al abandono es terrorífico, equivale a la muerte. Lo mismo pasa con los otros tipos de apego inseguro. La herida de rechazo produce el mismo sentimiento: una ansiedad tremenda porque cree que va a morir si lo rechazan, que no va a tener a nadie que se ocupe de él. Y en el apego desorganizado es peor aún, porque normalmente la ansiedad viene de una herida más profunda. La propia figura de apego es la figura de miedo. Ya no queda en quién confiar, el miedo quedó incrustado en la memoria profunda como una sensación terrorífica que lleva a perder el control cada vez que se activa.

Cuando actuamos desde esa herida, tanto en la edad adulta como en la infancia o la adolescencia, sentimos miedo a volver a experimentar esa sensación de terror: es miedo al miedo. Por eso hacemos cosas tan difíciles de entender que arruinan nuestra vida y nuestras relaciones. Es una manifestación de ansiedad mucho más fuerte de lo que puede parecer. Además, como ocurrió en primera infancia, en una etapa preverbal, no hay ningún razonamiento, solo el miedo y la impotencia de no poder hacer nada.

MIEDO A MORIR

Cuando ese miedo aparece en la edad adulta, podemos reaccionar igual que el bebé. No hay razonamiento alguno, es un pánico vital, como si fueras a morir.

Este mecanismo está localizado en una zona del cerebro llamada cerebro reptiliano. Esta estructura tiene la función de reaccionar rápidamente ante cualquier situación de amenaza. En la relación de pareja, cuando se despierta una herida tan profunda, reaccionamos sin poder evitarlo. Cuando nos damos cuenta ya tenemos el miedo en todo el cuerpo. Esa sensación crea una alerta, una señal de que algo peligroso está pasando. Entramos en modo supervivencia. La ansiedad es inevitable, está ahí para protegernos de un peligro, por eso no podemos relajarnos ni bajar la guardia.

Inconscientemente, la ansiedad nos obliga a estar alerta por si la pareja nos traiciona. Esto no solo contamina la relación, sino otras esferas de la vida: el trabajo, los amigos, la salud... En casos extremos, puede producir problemas neuróticos, incluso trastornos de personalidad.

Evitando ese estímulo que nos da tanto miedo no podemos comprobar que en realidad no es tan peligroso. Lo que necesitamos para superar la ansiedad es precisamente ese estímulo y llegar a aceptar el miedo a estar solo, pero reconocer que no es una amenaza a nuestra vida, que podemos cuidar de nosotros mismos.

> *La ansiedad se caracteriza por la irracionalidad. Por eso la clave está en afrontarla pensando con claridad y actuando en consecuencia.*

Para enseñar a gestionar la ansiedad utilizo siempre la metáfora del depósito.

LA METÁFORA DEL DEPÓSITO

Imagina que tienes un depósito de ansiedad que funciona de la siguiente manera. En la parte superior tiene una entrada en un lado y una salida en el otro. La entrada es la vía por la que la vida, en general, va llenando el depósito. La ansiedad procede de cualquier ámbito: el trabajo, las relaciones sociales, la presión económica y, por supuesto, la relación de pareja. Así el depósito se va llenando, unas veces poco a poco y otras de manera muy rápida.

Este depósito es diferente en cada persona. Hay quienes lo tienen muy pequeño; otros muy grande, dependiendo de la personalidad de cada uno. Hay personas que aguantan muy poco y personas que aguantan demasiado. En cualquier caso, cuando el depósito se llena, explota.

Sin embargo, recordemos que el depósito tiene un orificio de salida, que funciona, por ejemplo, cuando hacemos deporte, vamos a un espectáculo, lo pasamos bien, estamos a gusto con nuestra pareja, practicamos sexo, bebemos, comemos... Estas son maneras de vaciar el depósito, de calmar la ansiedad.

Imaginemos ahora que este depósito tiene dos niveles. Cuando la ansiedad está por debajo del primer nivel, no nos afecta negativamente. Es una ansiedad que no percibimos o que sentimos de manera positiva, por ejemplo ayudándonos a actuar en una situación determinada. En cualquier caso, no nos hace daño, es sostenible y saludable.

Cuando la ansiedad supera este primer nivel nos sentimos perturbados, nerviosos o preocupados. Nos ponemos alerta ante cualquier amenaza. Nos cuesta dormir, comer, descansar. Si se prolonga en el tiempo puede causar problemas de salud; el carácter se torna irritable, reaccionamos mal ante la presión, etc.

Cuando el depósito llega al nivel máximo de capacidad, la ansiedad se desborda provocando ataques de ira, de pánico, pérdida de control o agresividad.

Para gestionar los conflictos que surgen en nuestra relación debemos mantener la ansiedad por debajo del primer nivel. Si se desborda, nuestra capacidad de razonar estará condicionada por la sensación de alerta y nos pondremos inevitablemente a la defensiva. No podremos interpretar adecuadamente las cosas, no seremos capaces de escuchar con atención y lo más probable es que terminemos destruyendo la relación.

Cuando estamos por encima del primer nivel debemos reaccionar y encontrar recursos para reducir la ansiedad. Si no tenemos los recursos necesarios para hacerlo debemos buscarlos o pedir ayuda. Acudir a un psicoterapeuta es la mejor opción.

Cuando la ansiedad está por encima del nivel de normalidad, lo mejor es evitar las discusiones y retomarlas cuando recuperemos la calma.

LA ANSIEDAD DEL OTRO

También debemos entender la ansiedad como una señal cuando la percibimos en la otra persona. Si, ante un conflicto, tu pareja tiene ansiedad, debes recordar que no le va a ayudar que intentes razonar, darle instrucciones o insinuar que está dramatizando o malinterpretando, porque no va a ser capaz de ver con claridad. El primer objetivo es calmar su ansiedad; luego, resolver el conflicto. Es conveniente ver cómo, sin ser conscientes, creamos ansiedad en el otro.

Un ejemplo bastante claro es cuando tu pareja quiere que le contestes los mensajes de móvil aunque estés trabajando. Al llegar a casa te dice que te ha enviado tres mensajes y no le has contestado... Entonces tratas de racionalizar y explicarle que no podías porque estabas trabajando. Aunque evidentemente tienes razón, esto aumenta su ansiedad, porque lo que necesita para tranquilizarse no es recibir excusas. Si, en cambio, cuando llegas a casa y le dices que lo sientes, que no has podido contestarle, que otro día lo harás, le das besos o abrazos para demostrar que empatizas con ella y que te importa que se sienta así, se calmará y podréis hablar sobre cómo es tu trabajo. No trates de razonar con tu pareja cuando tiene ansiedad porque en ese momento no puede pensar con claridad.

LA GESTIÓN DEL ESTRÉS

Volviendo a la metáfora del depósito, tenemos dos maneras de gestionar la ansiedad: intentando que entre menos y tratando de que salga más. Si conseguimos un equilibrio que mantenga la ansiedad por debajo del primer nivel podremos ser mucho más eficaces gestionando los conflictos.

Identificar las fuentes de estrés, como el trabajo, la presión económica, los hábitos de alimentación y sueño, etc., podemos hacer grandes cambios.

Y no olvides todo aquello reduce el estrés: el ejercicio, el ocio, las amistades, los viajes, la lectura, la relajación, la meditación.... Hoy en día, debido al estilo de vida que llevamos, la gran mayoría de personas viven con ansiedad, por lo que existen recursos de todo tipo. Incluir algunos de estos elementos en nuestra vida cotidiana es una manera de mantener a raya la ansiedad y de saber cómo reaccionar cuando esta se eleva por encima de lo normal.

Los conflictos en la relación son cosa de dos. La ansiedad es cosa de uno y debemos responsabilizarnos de ella.

17

CONTACTO CERO

Todas las relaciones de pareja generan apego. Por lo tanto, siempre hay algún tipo de dependencia emocional hacia la otra persona. Si la relación termina, la echaré de menos. Como hemos explicado anteriormente, cuando mencionamos el apego inseguro nos referimos a la ansiedad que puede surgir en la relación, especialmente cuando se trata de un apego ambivalente. Sin embargo, esto se aplica igualmente a cualquier estilo de apego, incluso al apego seguro. Cuando experimentamos ansiedad en una relación porque la otra persona no nos presta atención, no nos quiere o lo sentimos así, debemos tener en cuenta que la necesidad de calmar esta ansiedad nos puede crear una adicción. Al encontrar alivio generamos una dependencia emocional que, en cierto modo, puede ser equiparada con una adicción.

Cuando nos encontramos en una situación de ruptura, porque nos han dejado, porque hemos decidido romper, porque la otra persona tiene comportamientos narcisistas o es un maltratador, o simplemente porque nos ha engañado, es natural que lo pasemos mal. Sin embargo, si hemos vivido esta relación con mucha ansiedad debido a un apego inseguro, experimentaremos una mayor dependencia que hará el proceso de ruptura aún más difícil. Es aquí donde más importancia tiene el contacto cero.

Si analizamos la relación en términos de adicción, podemos compararla con la dependencia a una droga, por ejemplo, el alcohol. Cuando dejamos de consumirlo, aparece el síndrome de abstinencia. De manera similar, cuando dejamos de tener contacto con la persona a la que estamos emocionalmente apegados experimentamos una especie de síndrome de abstinencia equivalente.

Cada vez que pensamos en esa persona consideramos la posibilidad de volver con ella, sobre todo si la vemos o hablamos con ella, ya que esto calma nuestra ansiedad. Por lo tanto, el contacto cero debe tomarse con seriedad.

El contacto cero ha de ser absoluto. Aunque creamos estar mejorando, si un día entramos en contacto con esa persona caeremos en una trampa emocional y la ansiedad se disparará de nuevo. Lo debemos considerar como algo indefinido, para siempre. No debemos dejar lugar para la esperanza, ya que es un estímulo que retroalimenta la ansiedad. Pensar en la posibilidad de retomar la relación no nos permite terminar del todo y pasar página.

Por otra parte, si retomamos el contacto y creemos que ha mejorado la comunicación, es normal olvidar los motivos por los que se llegó a la ruptura. En estas circunstancias es muy fácil que ambos deseéis retomar la relación, pero la mayoría de las veces se debe a un autoengaño. La ansiedad de una ruptura captura la razón y la memoria. Si no ha pasado el tiempo suficiente, si no ha habido cambios sustanciales, no funcionará. No es suficiente tener voluntad de arreglarlo, todo se acabará repitiendo, incluida la ruptura. En algunos casos se acumulan rupturas hasta que el daño sufrido es irreparable.

Para evitar caer en estas situaciones es mucho mejor aplicar un contacto cero real y reflexionar seriamente sobre el hecho de que la relación ha terminado. Debemos estar seguros de que ya no nos interesa esa persona, que nos ha hecho daño y que no queremos volver con ella, o que nos ha engañado y lo volverá a hacer, y no queremos pasar por eso nuevamente. Busca ayuda profesional si ha habido mucha ansiedad o dependencia emocional. Si no lo haces, si no llegas a la clara conclusión de que no debes volver, será muy difícil mantener o cumplir un contacto cero.

El contacto cero significa desconectar por completo. No solo dejamos de ver a esa persona, sino que no hablamos con ella, no le enviamos mensajes ni miramos sus redes sociales. No debemos preocuparnos por lo que piensa: el contacto cero debe ser respetado como mínimo por ti. Es esencial hacerlo por ti mismo, por tu propia supervivencia emocional. Si la otra persona lo cuestiona, explícale, desde el principio, que lo haces por tu salud emocional y que no es tu intención herirle u ofenderle.

Cualquier cosa que nos recuerde a esa persona puede despertar nuestra ansiedad y hacernos recaer. Es importante pedir a amigos o conocidos que eviten hablar de ella y que nos escuchen sin dar consejos ni criticar a la otra persona. Se trata de encontrar un hombro para llorar, un amigo o amiga con quien desahogarse, alguien a quien poder acudir para no sentirse solo o para pasar un buen rato y olvidarse de todo por un momento, no para revivir los conflictos o para generar más rabia. También debemos evitar lugares y objetos que nos recuerden al otro: fotos, regalos, amigos comunes, etc. Al principio suelen surgir muchos pensamientos sobre esa persona, hasta el punto de que no podemos pensar en otra cosa, pero debemos hacer este trabajo muy en serio y procurar que esas ideas vayan disminuyendo con el tiempo.

LA CULPA

Es crucial evitar caer en la culpa y los pensamientos negativos hacia nosotros mismos. Pensar que podríamos haber hecho las cosas de otra manera o culparnos por lo sucedido solo nos hará retroceder y aumentará nuestra ansiedad. Esto ocurre con mucha frecuencia debido a los continuos conflictos y acusaciones recibidas durante la relación, cuando las cosas no iban bien. Todo queda grabado en la mente en forma de voces que se repiten una y otra vez, sin que puedas distinguir si son reales. La culpa atormenta y no permite avanzar, pero debemos reflexionar sobre ella, buscar ayuda si es necesario y dejarla atrás.

Llena tu tiempo y tu mente con otras actividades, como retomar amistades, realizar planes estimulantes, recuperar grupos de ocio, realizar algún deporte, estudiar... Enfócate más en el futuro y menos en el pasado. Cuando te despiertes por la mañana, piensa en algo que te ilusione y no en una relación rota. Ocúpate con estímulos positivos que reemplacen a los negativos. Esto se consigue tomando decisiones, pasando a la acción y construyendo una nueva vida sobre las ruinas de la anterior.

Y, sobre todo, durante el contacto cero, nos va a ayudar mucho no estar solos. Los momentos de soledad hacen que sea muy difícil sostener la emoción y, a medida que surge, afloran los pensamientos intrusivos y autodestructivos. Si no podemos evitar estar solos, es mejor ocupar nuestro tiempo con diferentes actividades, como escuchar música, escribir, leer, ir al cine, meditar o hacer deporte. Todo lo que podamos hacer para evitar el estímulo y pensar en la expareja nos ayudará a avanzar.

Finalmente, el tiempo lo cura todo. Nuestro cerebro necesita tiempo para cambiar su química y su estructura y adaptarse a la nueva situación. Si hacemos bien el proceso y le damos el tiempo adecuado, avanzaremos y restauraremos nuestra integridad emocional. Después de una ruptura es común que nuestra autoestima quede afectada. Debemos entender este proceso como un renacer. No solo necesitamos recuperarnos, sino también empoderarnos, recuperar nuestra energía, fuerza y confianza, y aprender de lo que hemos vivido. Esto nos permitirá no solo evitar que vuelva a suceder, sino también crecer como personas y fortalecer nuestra autoestima.

En este proceso de empoderamiento podemos cambiar nuestra vida e incluso transformarla de manera positiva. Es común que, al romper una relación, creamos que se acaba el mundo y que no encontraremos a nadie más. Sin embargo, con el tiempo y la recuperación, nos damos cuenta de que eso no es verdad. El otro solo fue alguien más en nuestra vida, y desde un nivel de conciencia más elevado podemos tomar decisiones más sabias en el futuro y escoger a la próxima persona de una manera más acertada. Además, este aprendizaje nos permitirá conducir la próxima relación de manera más sana y exitosa.

Todo acabará bien si llevamos a cabo el contacto cero con determinación, y es esencial mantenerlo presente durante todo el proceso. A veces es el único recurso que funciona y transcurrido el duelo vemos que nuestra vida mejora y adquiere un nuevo sentido.

CONTACTO CERO PARA «DARNOS UN TIEMPO»

A veces, tras una ruptura, algunas personas deciden hacer un contacto cero con el propósito de retomar la relación pasado un tiempo. Al romper una relación no siempre es necesario renunciar a recuperarla si deseamos darnos una segunda oportunidad y usamos el contacto cero para realizar algunos cambios. Si somos capaces de identificar una posible solución y la ponemos en práctica, es posible que funcione. Pero si nos limitamos a dejar pasar el tiempo nada cambiará y no habrá motivo para pensar que una reconciliación sea posible.

Uno de los motivos más frecuentes para tomar esta decisión es acudir a terapia. En la mayoría de los casos el problema reside en la incapacidad para gestionar la ansiedad. Al mismo tiempo necesitamos comprender cosas que han sucedido para poder cambiarlas y adquirir recursos que no teníamos.

Romper la relación para darse un tiempo puede ser positivo para pensar con claridad y buscar soluciones desde la calma. Pero no para que se nos pase el enfado, para arrepentirnos o para que nuestra expareja nos eche de menos. Si es la otra persona la que te pide un tiempo, conviene dejar claro para qué, no caer en el pensamiento tóxico de «se ha cansado de mí y cuando se le pase querrá volver», porque esto destruye la autoestima de cualquiera. Si tu pareja se ha cansado y te pide un tiempo es porque no le interesas lo suficiente, de modo que el contacto cero debería ser definitivo.

CONTACTO CERO CUANDO HAY HIJOS EN COMÚN

¿Qué sucede cuando rompes la relación pero tenéis hijos en común? Evidentemente, lo estás pasando mal y quieres hacer un contacto cero, pero si tienes hijos la situación es compleja. Lo razonable, como padres, es anteponer la felicidad y el bienestar de nuestros hijos al nuestro. Por lo tanto, nos encontramos con que no podemos tener un contacto cero real, ya que en algún momento tendremos que hablar con nuestra expareja para llegar a acuerdos, ocuparnos de cuestiones cotidianas o de su salud, entre otras cosas. El contacto no podrá ser cero, pero sí debe ser el mínimo necesario. Pero, ¿qué sucede si esto no nos permite reponernos?

Existe la creencia de que, si nos separamos, debemos mantener una buena relación con nuestra expareja para que nuestros hijos nos vean llevándonos bien, tratándonos como amigos, incluso reunirnos para que nos vean como una familia feliz. Pero esto, en muchos casos, puede ser contraproducente incluso para los hijos.

Cuando una pareja se separa y tiene claro que es definitivo, es importante que los niños lo comprendan. Ver a los padres comportándose como si fueran pareja cuando no lo son puede ser confuso para ellos. Lo que nuestros hijos realmente necesitan es no percibir sufrimiento en ninguno de sus padres y, si lo ha habido, que vean que somos capaces de solucionarlo y estar bien. Por supuesto, debemos tratar de forma cordial a nuestra expareja y evitar siempre dejarla en mal lugar.

Si los hijos son pequeños, lo normalizarán enseguida. Si son mayores, es probable que pidan explicaciones, y merecen una conversación clara y respetuosa sobre cómo quedan las cosas. Si se les explica de manera adecuada, con respeto y positivismo, los hijos lo entenderán y lo aceptarán sin problemas. Hoy en día las separaciones son algo común y, con una buena comunicación y respeto, se pueden afrontar de manera positiva para todos los involucrados.

Si el contacto cero no es posible y esto nos perjudica, nos hace sentir mal, nos impide levantar cabeza y recuperarnos, recuperar nuestra vida e incluso nos lleva a caer en una depresión, los hijos también se verán afectados. Lo importante es que los hijos vean bien a sus padres, juntos o separados.

Por lo tanto, es importante hacer un contacto «casi cero» para recuperarnos pronto y lograr que nuestros hijos también estén felices. Ellos necesitan ver que estamos bien, porque eso les da la seguridad. Nuestros hijos aprenderán que, cuando hay un problema, se resuelve, y cuando hay una ruptura, se supera y luego todo vuelve a estar bien, sin que eso sea motivo de preocupación. Este es un valioso aprendizaje para ellos.

Mantener una relación negativa, con discusiones, malestar, conflictos con nuestra expareja, ansiedad, tristeza, etc., no solo hará que los hijos sufran, sino que les estaremos enseñando una lección equivocada. Aprenderán que una ruptura produce sufrimiento, lo cual puede generar en ellos una percepción negativa de las relaciones y dificultarles afrontar rupturas en el futuro. Los hijos aprenden más de lo que ven que de lo que les decimos, y si logramos superar la situación de manera positiva y equilibrada también les estaremos enseñando a afrontar los desafíos de la vida con fortaleza y resiliencia. Así que, por el bienestar de todos, incluidos nuestros hijos, es necesario tomar decisiones saludables y valientes para priorizar la felicidad y el bienestar emocional de cada miembro de la familia.

Si es necesario que nos reunamos para entregar o recibir a los niños, no es necesario mantener ninguna conversación adicional. Simplemente informamos sobre lo necesario y nos retiramos en el menor tiempo posible, evitando agregar opiniones o entrar en discusiones. Una buena opción es pedir ayuda a terceras personas. Si tenemos que hablar de temas importantes para la educación y el cuidado de los niños lo podemos hacer por correo electrónico o mensajes de texto. Todo aquello que permita reducir el contacto a casi cero debemos hacerlo para recuperarnos.

Si es imprescindible reunirse en persona para tratar un tema relativo a los hijos, podemos concertar citas en lugares neutrales, como una cafetería o la calle, para evitar entrar en temas personales y enfocarnos únicamente en lo que concierne a los niños.

Es fundamental plantear de manera clara y respetuosa que necesitamos este contacto «casi cero» por el bienestar de todos. Los hijos son lo más importante en este proceso y necesitan ver a sus padres bien, felices, contentos y enteros. Ellos aprenden de lo que ven y seguirán nuestro ejemplo. Por lo tanto, mantener y normalizar un contacto mínimo y enfocado en lo esencial es una manera de brindarles seguridad y estabilidad emocional durante el proceso de separación.

18

LA COMUNICACIÓN ASERTIVA

Una de las cosas que más me sorprende en la consulta es ver cómo discuten las parejas de forma habitual, casi cada día, por casi cualquier cosa e incluso, a veces, de forma agresiva, haciéndose daño.

Es algo que cuesta de comprender porque, cuando estamos en una relación de pareja, se supone que es porque nos queremos y deseamos ser felices juntos, y sin embargo en ocasiones esas parejas no paran de discutir, de hacerse daño, de destruir su relación.

Una de las principales causas por las que discutimos es el miedo.

El miedo nace de las heridas emocionales recibidas en la infancia. Cuando entramos en una relación de pareja y creamos un vínculo de apego con esa persona, nos exponemos a que se reproduzcan las heridas sufridas con las figuras de apego de la infancia. Por eso tenemos miedo al abandono, al rechazo, a la traición, etc. Ante cualquier elemento de la relación que nos provoque inseguridad, como la falta de atención por parte del otro, que nos hable mal, que llegue tarde o cualquiera de las cosas cotidianas que ocurren en cualquier relación, se despierta el miedo asociado a esa herida.

Todos desarrollamos un mecanismo psicológico para protegernos, para no sentir esa herida emocional, que nos empuja a empezar discusiones con muchísima facilidad y, como lo hacemos desde el miedo, no comunicamos lo que pensamos, lo que sentimos, sino que directamente nos ponemos a la defensiva, porque estamos anticipándonos al dolor que el otro nos puede causar.

El apego está relacionado con las heridas de la infancia y con el miedo, y si no somos capaces de sanar esto de alguna manera o, como mínimo, ser conscientes de ello, no podremos tener una relación sana. La discusión no nos va a permitir sentirnos más seguros, sino todo lo contrario, porque el otro responderá y hará que nos sintamos rechazados, dando lugar al miedo. La discusión se convierte en una escalada en la que siempre nos mantenemos en guardia, llegando a ser tan habitual que estamos siempre con las armas preparadas para atacar o para defendernos ante cualquier eventualidad, y todo en nombre de ese miedo que trata de evitar que volvamos a ser heridos.

Por lo tanto, la herida debe sanarse. No se puede tener una relación de pareja de manera sana si vivimos desde el miedo.

MECANISMOS AUTOMÁTICOS

También es importante darnos cuenta de los mecanismos de defensa que utilizamos, porque suelen ser inconscientes y reactivos. No nos proponemos usarlos, sino que salen de forma automática por ese estado permanente de alerta. Una de las estrategias más comunes es querer tener razón. Cuando queremos que nos den la razón en una discusión, la mayoría de las veces lo que estamos haciendo realmente es tratar de agredir a la otra persona. En lugar de intentar resolver las diferencias sobre cuestiones en las que ambos miembros de la pareja tienen algo que decir, uno de los dos necesita creer que tiene la razón para protegerse, sentirse seguro y menos vulnerable.

Cuando uno quiere tener la razón

En muchas situaciones, uno de los miembros de la pareja expresa un malestar que tiene un significado emocional y el otro se parapeta detrás de razonamientos que hacen oídos sordos a esos sentimientos. Por ejemplo:
—¿Qué te pasa? Te veo muy seria. ¿Estás enfadada por algo?
—No, es que me siento muy sola, hace tiempo que no pasamos un rato juntos y me preocupa que estés dejando de quererme.
—Yo hago lo que puedo, no es culpa mía si tengo que trabajar tanto para cubrir los gastos que tenemos.
—Lo sé, pero si por lo menos pudieras llamarme alguna vez durante el día me sentiría mejor. A veces te dejo mensajes y me contestas al cabo de varias horas o no me contestas.
—Mi trabajo requiere mucha atención y conlleva mucha tensión. No puedo estar pensando todo el día en llamarte o en contestar mensajes, no me parece que eso sea necesario.
—Eso es lo que me pasa, que siento que para ti no es necesario nada de nuestra relación, que no te importo, que soy una carga para ti. Me gustaría sentir que piensas en mí y que me extrañas.
—Claro que pienso en ti, no me olvido, pero tengo muchas cosas importantes que hacer y son mi responsabilidad, no tengo elección.

—¿Lo ves? Todo es más importante para ti que yo. Estoy la última en tu lista de prioridades. Antes sentía que me dedicabas mucha más atención, pero cada vez siento que te estás alejando más.

—Es que tú no lo entiendes, esto es la vida, tenemos que trabajar, salir adelante. Antes éramos novios, era una etapa diferente de la relación, ahora estamos madurando, ya no nos podemos comportar como adolescentes.

—Yo necesito que me quieras, por eso estoy contigo, para quererte y que tú me quieras a mí.

—¿Y quién ha dicho que no te quiero?

Aquí se ve claramente lo que sucede siempre que uno de los dos no es capaz de transmitir suficiente afecto al otro para que se sienta seguro. En vez de reconocer la insuficiencia, se defiende con argumentos. Esto es un diálogo característico de algunas personas con apego evitativo. Evitan las emociones incómodas mediante razonamientos que no tienen en cuenta la necesidad emocional del otro.

El problema se complica cuando ninguno de los dos da su brazo a torcer, negándose a escuchar las razones del otro e intentando anularlo. Esto es una agresión y siempre conlleva más enfrentamientos. Querer imponer nuestro parecer siempre implica una discusión, y a menos que uno de los dos ceda, no va a acabar nunca. La solución, obviamente, sería que ambos pudieran expresarse y ser escuchados por el otro para llegar a un acuerdo.

Responder a una ofensa con otra tampoco ayuda a resolver una discusión, solo la empeora. Es la dinámica propia de cualquier batalla, provocar daños en el enemigo para hacerlo más débil. Hasta que ambos se derrumban.

Cuando los dos quieren tener razón

Es muy fácil imaginar esta:
—Este domingo viene mi madre a casa. ¿Te parece bien?
—Sí, claro, me parecería bien si no se metiera tanto en mis cosas.
—Eso no es cierto, solo lo ha hecho alguna vez y teniendo razón. Eres muy desordenado y a mi madre no le parece bien que no ayudes en casa.
—Yo sí que ayudo, hago muchas cosas, lo que sucede es que para ti nunca es suficiente.
—No es eso, es que lo haces con desgana y no lo haces bien.
—Es que yo lo hago a mi manera, no tengo por qué hacerlo todo como tú.
—Si te importara un poco más cómo me siento, te esforzarías un poco. Todo lo haces para que me calle, para que te deje en paz, pero en realidad te da igual, yo te doy igual y nuestra relación te da igual.
—No me da igual. Es que, si me tratas siempre con desprecio, con quejas por todo y con reproches, no sé cómo pretendes que esté bien en casa. Siempre acabamos discutiendo por todo, no tengo más ganas de discutir.
—Claro, para ti todo es muy fácil. Te vas, no hablamos y el problema desaparece, te da igual cómo me quede yo. Pues no sé cómo piensas que se van a arreglar las cosas entre nosotros si no hablamos. Yo ya estoy muy cansada, no sé qué hacer contigo, eres imposible.
—Pues si tanto te molesto, ¿por qué no me dejas? Solo tienes que decirlo y nos separamos.
—¿Ves? Eso es lo que tú quieres, que nos separemos, y no eres capaz de reconocerlo. Al final, no aguantaré más y te dejaré, me iré con mi madre, que seguro que estaré mejor.

—Claro, eso es lo que a ella más le gustaría, con el desprecio que me tiene. Pues mira, en vez de que venga a casa, por mí, te puedes ir tú a la suya.

Cada interacción es una nueva acusación y evita reconocer los hechos. Eso es lo que hacemos: nos acusamos mutuamente, nos defendemos y siempre pensamos que tenemos razón. El caso es que, si nos fijamos bien, la mayoría de veces la tenemos, pero no somos capaces de reconocer cuándo la tiene el otro. Al final se cambia de tema, se acaba hablando de cualquier otra cosa, sacamos los trapos sucios del pasado para reforzar nuestro argumento y nunca se resuelve nada. Así escalan las discusiones, degenerando en mucha tensión, y en poco tiempo ya ni nos acordamos de lo que estábamos discutiendo al principio.

Otra fuente habitual de enfrentamiento es la manipulación, presionar al otro para conseguir lo que yo quiero. El victimismo es una forma de manipulación. «Pobre de mí, sufro y no me haces caso porque no me quieres…». Usamos el victimismo para conseguir que el otro ceda, cosa que con toda probabilidad no sucederá. El otro se defenderá, porque con nuestra postura lo estamos culpabilizando.

Muchas discusiones surgen cuando tratamos de que el otro cambie su forma de comportarse: no nos gusta lo que hace, cómo es, cómo viste, cómo habla, incluso cómo piensa. Pretender cambiar al otro hace que se sienta agredido, ofendido y no valorado. Hay tantísimas maneras por las que llegamos a discutir que podríamos estar discutiendo constantemente por cualquier cosa.

La tendencia a idealizar la relación hace que vivamos con frustración todos los problemas que aparecen. Vemos que las cosas no son como esperábamos, que nuestro ideal romántico no se cumple. Tras la frustración aparece la rabia y el desprecio hacia el otro.

Cuando consideramos que la relación no funciona y culpamos al otro, aparece la rabia, que implica además un rencor al pensar que las cosas podrían ir bien, pero por culpa del otro no es así. La culpabilización y la rabia pueden conducir a conductas agresivas.

Discusión tras discusión, la relación va erosionándose con cada ofensa, cada ataque, cada maltrato. En ocasiones se llega al punto en que solamente con ver a la otra persona sientes ganas de discutir, porque el enfado ya forma parte de la relación.

DISCUTIR POR DISCUTIR

Discutir es necesario, no podemos pretender estar de acuerdo en todo ni que todo nos parezca bien. Las discusiones sirven para conciliar las diferencias, para argumentar posturas, negociar y llegar a acuerdos. Por definición, su propósito no es el de agredir ni provocar conflictos, sino resolverlos. Cuando no somos capaces de llegar a un acuerdo porque nos ponemos a la defensiva, la discusión se convierte en un problema. Discutimos porque no hemos resuelto los problemas que han ido apareciendo, discutimos porque lo no resuelto queda como un tema pendiente y se convierte en una frustración. Al final, lo que no permite llegar a una solución es pensar que la culpa es del otro y este, claro está, piensa lo mismo y se defiende.

Ponernos a la defensiva no conduce a ningún sitio porque, al fin y al cabo, es como si adoptáramos una postura de lucha. Es como cuando dos niños se golpean uno a otro, hasta que se pierde de vista cuál de los dos ha empezado.

Para resolver una discusión debemos ser capaces de expresarnos sin provocar una reacción defensiva en la otra persona, simplemente informando de lo que necesitamos para resolver el problema. Sin acusar al otro, le informo, le digo cómo me siento, qué me pasa, qué necesito, qué me gustaría, que me hace sentir bien y qué no, siempre hablando de mi necesidad emocional. Esta es la forma de abrir una negociación. Después, ambos debemos tener la misma actitud, escuchándonos el uno al otro, estableciendo un canal de comunicación emocional fluido, sin interferencias.

LA DISCUSIÓN POSITIVA

La mayoría de las veces, el secreto está en orientar el diálogo hacia uno mismo, expresando sentimientos, emociones, necesidades, sin acusar ni responsabilizar al otro, sin juzgar ni criticar. Utilizar palabras positivas y afectuosas y poner la atención en lo que el otro necesita de manera empática, para hacerle sentir bien. Por ejemplo:

—Este domingo viene mi madre a comer, ¿te parece bien?

—Claro, me parece bien que venga y así podéis estar juntas. Lo que me preocupa es que a veces me siento incómodo cuando me critica o trata de decirme lo que tengo que hacer, no me siento bien y me gustaría poder estar más relajado con ella.

—Sí, lo sé, a mí siempre me lo ha hecho y me lo sigue haciendo y no me sienta nada bien, la verdad, pero es mi madre. Entiendo que tú no tienes por qué sufrir eso. No te preocupes, hablaré con ella para que lo entienda, seguro que lo hace porque no se da cuenta. Ella te aprecia, lo sabes.

—Te lo agradezco. Para mí es muy valioso que me tengas en cuenta. Además, cuenta conmigo, yo también haré lo que esté en mi mano para que tengamos una buena relación. Sé que para ti es importante.

—Te lo agradezco mucho también. Es cierto, me ayudaría mucho. Sé que ella se pone nerviosa porque piensa que

tú no me ayudas en casa. He pensado que antes de que venga podría recoger todo un poco, para que ella no piense en eso, no me gusta verla tensa, me siento mal.
—Sí, es buena idea. Yo te ayudaré, sé que a veces soy un poco desordenado, pero entre los dos lo arreglamos en un momento. Me apetece mucho que pasemos un buen domingo.
—A mí también, gracias. Sabes que te quiero, ¿verdad? Y cada día más.
—Yo también, tengo mucha suerte de tenerte. Te amo.

Para comunicarnos emocionalmente tenemos que abrir nuestro corazón y mostrar nuestra vulnerabilidad, pero esto es muy difícil cuando llevamos tiempo haciéndonos daño, ofendiéndonos. Perdonar significa volver a exponerse y arriesgarse a recibir más agresiones. Por eso estamos en guardia, por eso peleamos, para que no nos hagan daño de nuevo.

Las discusiones que no se resuelven son destructivas, nos hieren, nos hacen perder el tiempo y destruyen la relación. Dejar de culpar al otro es el primer paso hacia la conciliación. Es una guerra de la que es imposible salir vencedor. O hay acuerdo y ganan los dos o, al final, los dos pierden...

ASERTIVIDAD

¿Por qué es tan importante ser asertivos dentro de la relación de pareja? La asertividad es lo que nos permite expresar nuestra postura y plantear lo que necesitamos para resolverlo. Cuando iniciamos una discusión es muy frecuente que entremos en una escalada de reproches, acusaciones y juicios, desviándonos del objetivo real. Ante las acusaciones nos ponemos a la defensiva, utilizamos como argumentos hechos del pasado que añaden nuevos reproches y acusaciones, y en poco tiempo la discusión no tiene que ver con el problema inicial, convirtiéndose en una batalla destructiva que queda muy lejos de solucionar nada.

Ser asertivo en un conflicto implica simplemente expresar lo que uno quiere y necesita desde su propia perspectiva, sin acusar, juzgar o reprochar al otro. Es expresarse de forma clara y objetiva, como si estuviéramos brindando información. Por ejemplo: «Yo quiero esto», «Yo no quiero esto», «Yo necesito esto» o «Yo no necesito esto».

Si el otro nos acusa o nos culpa de algo, no debemos responder con más acusaciones. Es preferible mantenernos enfocados en aquello que queremos comunicar. Podemos decir algo como: «No deseo discutir quién hizo qué, podemos hablar de ello en otro momento si lo deseas. Lo importante es que yo tengo esta necesidad o este problema, y me gustaría saber si podemos hablarlo y resolverlo juntos».

Si estamos discutiendo y el otro empieza a elevar el tono de voz o nos falta al respeto, debemos mantener nuestra postura sin necesidad de hacer lo mismo que él. Podemos decir algo como: «Mira, lo que quiero es transmitirte esto, pero si me hablas así, no podré continuar. Podemos retomar esta conversación en otro momento, pero te aseguro que seguiré expresando lo mismo».

Ser asertivos implica mantenernos firmes en nuestras necesidades y deseos, sin desviarnos del tema central durante una discusión. En lugar de señalar lo que la otra persona ha hecho mal, centrémonos en expresar qué necesitamos, evitando así escaladas innecesarias que nos alejen de una solución constructiva.

Si, por ejemplo, le decimos a nuestra pareja: «Pasas muy poco tiempo conmigo» o «me estás controlando demasiado», estamos señalando lo que nos molesta. Es más constructivo expresar lo que necesitamos: «Me gustaría que pasáramos más tiempo juntos» o «me gustaría que pudiéramos confiar más el uno en el otro, ¿qué podemos hacer?».

Muchas veces las peticiones llevan incluida una acusación o un juicio negativo y esto pone a la otra persona a la defensiva de manera automática, haciendo que la discusión se vuelva cada vez más violenta.

El principal problema que nos impide ser asertivos es la autoestima, unas veces por miedo a la reacción de la otra persona, otras porque no nos damos permiso para expresar nuestros deseos y necesidades, y otras veces porque no sabemos expresarnos asertivamente. Creemos que manifestar nuestra necesidad va a derivar en un conflicto mayor. Esta es la razón por la que tantas personas prefieren callar y resignarse, renunciando a su propio bienestar. La asertividad es todo lo contrario: es expresar lo que necesitas para estar bien. Si a tu pareja le interesa tu bienestar y no se siente atacada, probablemente colaborará. Si no le interesa tu bienestar, quizá debas plantearte si te interesa esta persona, en vez de someterte a una relación de insatisfacción.

Autoestima y asertividad van de la mano. Nos merecemos expresar todo lo que nos importa. Es una forma de respetarnos a nosotros mismos y es imprescindible en toda relación sana. Cuando reprimimos deseos y necesidades, estamos dando la espalda a nuestras emociones. Las consecuencias son ansiedad e insatisfacción. Reprimirse es dejar de ser uno mismo, negar una parte de lo que soy. Nadie puede ser feliz así. La comunicación asertiva es la mejor herramienta para relacionarnos con los demás.

19
LA COMUNICACIÓN EMOCIONAL

Si deseamos gestionar nuestras estrategias de apego para alcanzar el «apego seguro», debemos ser capaces de establecer un canal de comunicación en el que se transmitan emociones, no razones.

Como ya sabemos, los evitativos se esfuerzan en tener una relación sana, pero para ello tienen que enfrentarse a esas mismas emociones que tratan de evitar. Por eso les resulta tan difícil. Desarrollar una buena comunicación emocional les ayudará a que esas emociones que les perturban encuentren un espacio seguro y su pareja se sienta comprendida y atendida.

Los problemas de comunicación suelen producirse cuando nos ponemos a la defensiva ante un conflicto, centrándonos en nosotros mismos en vez de en el problema y menos aún en lo que necesita la otra persona. Ponerse a la defensiva es tratar de tener razón y proyectar la culpa en el otro. Es una batalla en la que lo importante es salir vencedor. Si entablamos una discusión como si fuera una batalla, nadie saldrá vencedor, porque si uno sale dañado, sale perjudicada la relación y, por lo tanto, los dos pierden.

Cuando en una relación de pareja se llega a un conflicto es porque una de las partes tiene una carencia. Y ese debería ser el objeto de la discusión.

Cuando uno de los dos expresa malestar y recibe un contraataque, sufre un daño emocional. Si la respuesta es agresiva, el dolor es doble, por la agresión y por la necesidad no atendida.

La frustración consiguiente puede tomar forma de rabia. Más acusaciones, más ataques, más daño y ya tenemos otro círculo vicioso: en vez de resolver el conflicto, lo empeoramos. Es fácil entender por qué tantas personas (no solo los evitativos) tratan de evitar el conflicto. Si no hay capacidad de comunicación, intentar resolverlo puede ser peor.

Toda comunicación, en el ámbito de la pareja, tiene dos dimensiones: una racional y otra emocional. Es el canal emocional el que debe tener prioridad a la hora de resolver un conflicto. No podemos resolver un conflicto de pareja como si fuera un problema de trabajo.

La comunicación emocional consiste en hablar desde las emociones. Cuando empezamos una discusión, lo primero que tratamos de hacer es apartar las emociones e intentar gestionar el conflicto de forma racional. Esto está bien en otros ámbitos de discusión, pero racionalizar un conflicto emocional es alejarse del problema real y, por tanto, de la solución.

Para analizar mejor el mecanismo de la comunicación emocional podemos examinar tres elementos clave.

LA ESCUCHA COMPRENSIVA

El primer obstáculo que nos encontramos a la hora de establecer una comunicación efectiva es que no escuchamos.

Con frecuencia enfocamos nuestra atención a nuestro discurso interno en lugar de a lo que la otra persona nos quiere transmitir. En cuanto oímos algo que detona una reacción, dejamos de escuchar. Interrumpimos al otro o callamos a la espera de poder decir lo que tenemos en la mente en ese momento. Aquí ya hemos dejado de escuchar.

Escuchar significa entender cómo se siente la otra persona, qué necesita, por qué ha llegado a este conflicto y por qué se siente así. No podremos resolver un conflicto emocional si no conocemos las emociones que están detrás de la demanda de nuestra pareja. El conflicto no es cosa de uno solo, sino que implica las emociones de dos personas.

LA EXPRESIÓN EFECTIVA

No sirve de nada expresar las emociones que sentimos durante la discusión, como la rabia o el miedo, sino las que nos han llevado hasta él, las que necesitamos atender para sentirnos bien con la otra persona. La mayoría de las veces no lo hacemos por miedo a exponer nuestra vulnerabilidad, por vergüenza, por no querer admitir un error o porque no creemos que a la otra persona le importe.

> *No es tan importante dar mi opinión (y menos aún juzgar, criticar, exigir, etc.) como expresar cómo me siento, qué necesito.*

No expresamos un juicio sobre lo que hace el otro, sino cómo nos sentimos. No es lo mismo decir: «Me has hecho daño; te has portado mal; has sido egoísta, etc.». Que decir: «Cuando haces esto me siento así; me duele cuando dices esto; me siento insegura cuando pasa esto; etc.». No es lo mismo reprochar y exigir que exponer una necesidad; no es lo mismo decirle al otro lo que tiene que hacer que manifestar tus deseos; no es lo mismo descalificar a tu pareja que proponerle algo que te haría sentir bien; no es lo mismo sacar conclusiones o generalizar que atenerse a los hechos y a la descripción de una conducta; y tampoco es lo mismo decir lo mal que va todo que plantear qué podríamos hacer para que todo vaya mejor... Si a la otra persona le importas y no es víctima de sus propias reacciones defensivas, colaborará siempre.

Todo esto puede parecer algo muy evidente, pero en realidad la mayoría de las personas, ante un conflicto, ocultan sus verdaderas emociones por miedo a mostrar su vulnerabilidad.

En general, asociamos los sentimientos y las emociones con la debilidad, ser sensibles con ser frágiles, ser vulnerables con no ser valiosos. Pero en realidad nuestra fortaleza reside en nuestras emociones. Ser sentimental, sensible y vulnerable es ser uno mismo. Cuando reprimimos una parte de nosotros tan importante, también reprimimos una gran parte de nuestro valor. Es el miedo a que nos hagan daño lo que nos lleva a actuar así, pero no hay que temer: las emociones aprenden y se recuperan. Las personas más fuertes, aquellas a las que más admiramos, las que nos lideran en muchos ámbitos, no ocultan nada, son cien por cien ellas mismas y no tienen miedo a serlo. No es lo mismo una persona que tiene poder que una persona poderosa.

Podemos pensar en la figura de Jesús a modo de ejemplo. Fue una de las personas más influyentes de la historia, su mensaje llegó a todas partes, a través del tiempo y el espacio, pero no ostentaba ningún otro poder que el de las emociones expresadas y compartidas, el de ser auténtico y coherente con lo que predicaba, sobre todo con la compasión, el perdón y el cuidado del prójimo.

EL LENGUAJE NO VERBAL

Durante la discusión, nuestro inconsciente registra el lenguaje no verbal de la otra persona. Si se muestra ante ti con el ceño fruncido, no te mira a los ojos, inclina la cabeza hacia abajo, levanta la voz y agita las manos, no importa lo que diga: te sentirás mal.

Tu malestar puede tomar forma de miedo, desconfianza, desagrado, enfado. Aunque trates de decir algo que mejore la situación, tu cuerpo entrará en tensión, tu mirada se clavará en la suya, hablarás más rápido de lo normal, levantarás el dedo índice y con la otra mano mantendrás el puño cerrado y apretado.

Evidentemente, estas no son las condiciones idóneas para resolver un conflicto.

El lenguaje no verbal es una tarea pendiente para la mayoría de nosotros. Requiere un elevado grado de conciencia.

Los gestos son capaces de desencadenar fuertes emociones, como el miedo, la rabia, el rencor o la tristeza. Tomar conciencia de ello puede resultar muy útil.

Por una parte, podemos autoobservarnos y disculparnos si hemos hecho sentir mal al otro. También podemos hacer una señal al otro cuando veamos que muestra alguna de estas actitudes, para que sea consciente y también tenga la oportunidad de evitarlo.

EL TRABAJO EN EQUIPO

Cuando queremos conseguir cambios en la relación debemos tener en cuenta que el conflicto siempre es cosa de dos. Los cambios se deben dar a la par. Cuando un miembro de la pareja cede y trata de cambiar algo, espera que su pareja también lo haga. Esta reciprocidad es motivadora y positiva. Si esto no se cumple, no funciona.

El trabajo en equipo es fundamental. Solamente juntos solucionaréis el conflicto. Colaborando ganaréis los dos, porque ambos deseáis lo mismo: que la relación funcione, no que uno gane y otro pierda...

RESPETO Y CONFIANZA

Todo intento de comunicación debe apoyarse sobre dos pilares: el respeto y la confianza. De nada sirve tratar de solucionar un conflicto si no confiamos en nuestra pareja. Aquí tenemos que incluir otro concepto muy relevante, la intencionalidad. Nos podemos equivocar, reaccionar mal, interpretar mal, pero no deseamos hacerle ningún mal a nuestra pareja.

La confianza consiste en tener la seguridad de que tu pareja no te va a perjudicar intencionadamente, de que no te desea mal, sino todo lo contrario, y que el propósito de la relación es haceros felices el uno al otro. Si confías en tu pareja, la relación merece una oportunidad y la comunicación puede ser beneficiosa para los dos; si no puedes confiar, nunca podrás abrirte emocionalmente y, por lo tanto, no podrás crear un vínculo seguro.

Si tu pareja te respeta, nunca te va a hacer daño intencionadamente. Una persona no puede amarte y al mismo tiempo hacerte sufrir. Si lo hace por accidente, tratará de repararlo y rectificar.

En la comunicación emocional debemos exponer nuestros sentimientos para solucionar un conflicto. Sin confianza ni respeto no podremos hacerlo y no nos quedará más alternativa que ponernos a la defensiva para protegernos.

EL DERECHO AL 50 %

En cualquier conflicto de pareja debemos aceptar que solo tenemos derecho al 50 %. Por muy legítimas que sean mis quejas y mis exigencias, no lo son más que las de mi pareja. Si lo pensamos así, despreciamos a la otra parte, nos ponemos por encima de ella, esto es una agresión y una falta de respeto. Si valoras a tu pareja también valoras sus motivos, sus necesidades, sus quejas y sus exigencias. No más que las tuyas, por supuesto, pero tampoco menos: al 50 %. Cuando esto no se cumple, siempre habrá una parte que se perciba perdedora y otra ganadora. Así comienzan los conflictos de poder en la relación: el que gana se cree con más derecho y el que pierde devaluado.

En una relación sana y equilibrada ninguno de los dos se impone, sino que ambos deben ser capaces de negociar. Ambos tienen derecho a su parte y aceptan que el otro tiene la suya, siempre de manera justa y consensuada. No lo olvidemos: no se trata de quién tiene razón sino de qué necesita cada uno.

DISCULPA Y REPARACIÓN

Nadie desea que su pareja se sienta mal, pero inevitablemente a veces hacemos o decimos cosas que duelen. En estos casos, lo que procede siempre es una disculpa. No se trata de admitir la culpa, ya que no había intención, sino de admitir el daño: «Te hecho daño y me importas, por lo tanto lo lamento».

La reparación puede restaurar el daño infligido. Esto puede ser tan sencillo como hacer algún cambio en nuestro comportamiento para que no vuelva a suceder, ofrecer una disculpa sincera y empática como muestra de afecto o realizar una actividad lúdica juntos.

PRACTICAR EL PERDÓN

Una de las cosas que hacen más difícil la comunicación es el rencor. A menudo, a lo largo de una relación, nos hemos hecho daño. Hemos querido seguir porque sentimos que hay amor y motivos suficientes para hacerlo, pero no somos capaces de perdonar. Queda algo pendiente, como si aún tuviéramos que saldar cuentas. Perdonar no es hacer como si no hubiera pasado nada, empezar de cero y olvidarlo. No se puede olvidar y no se puede empezar de cero. Aprender a perdonar es comprender varias cosas:

— No perdonar es doloroso. El rencor no te va a permitir estar bien del todo con tu pareja, así que lo mejor es perdonar.
— El otro no es perfecto, nadie lo es. Tiene sus propios miedos, sus propias insuficiencias, sus propias heridas. Yo también he actuado mal un sinfín de veces. Si soy honesto, me doy cuenta de que yo también he tenido algo que ver con lo que ha ocurrido.

Perdonar no es olvidar ni empezar de cero, sino restablecer el equilibrio. Ambos hemos tratado de hacerlo lo mejor posible y no hemos sabido, pero llegados hasta aquí, nos merecemos una oportunidad.

DESARROLLAR LA EMPATÍA

La empatía también es un ingrediente necesario dentro de una relación de pareja. Si soy empático con mi pareja es más difícil llegar a discutir de manera agresiva, porque siento el dolor que le ocasiono. También me permite distinguir las razones por las que mi pareja ha dicho o hecho algo desagradable.

Cuando se dispara la ansiedad nos centramos en nosotros mismos. Toda nuestra atención se enfoca en nuestras necesidades, no en las del otro. En una discusión, si digo: «No me haces caso, no me dejes, no puedo estar sin ti», no estoy poniendo la atención en lo que el otro necesita.

Discutiendo nos desconectamos de nuestra pareja, hasta el punto de verla como a una extraña, alguien que no se parece nada a la persona con lo que te uniste. Evidentemente, hay que volver a reconectar, hay que tratar de recordar por qué estamos con esta persona, y recuperar aquello que sentíamos, lo que nos llevó a iniciar este proyecto juntos.

La empatía es la mejor herramienta para fortalecer nuestra relación de pareja. Preguntar, escuchar y preocuparnos por el otro tanto como por nosotros mismos. Si siempre estáis discutiendo, aprended a comunicar vuestras emociones. Y no hay buena comunicación si no hay empatía.

20

CREAR UN ESPACIO SEGURO

Si queremos establecer una buena comunicación y ser capaces de resolver los conflictos que se presenten en la relación, necesitamos sentir que la otra persona está ahí con la misma intención y que también hará un esfuerzo.

Cuando hablamos de apego evitativo sabemos que existe la tendencia a evitar los conflictos. Cuando comienza una discusión, el evitativo se calla, cambia de tema o se retira. Esto no significa en absoluto que no quiera resolver el conflicto, sino que no se siente seguro en esa interacción y prefiere evitarla.

Una persona con apego ansioso ambivalente o apego desorganizado siente mucha ansiedad ante un conflicto y le cuesta mucho hablar con calma, sin acusar al otro. Pero no es su propósito que el otro se sienta atacado y se marche de la conversación, sino que quiere solucionar el conflicto sea como sea.

¿Cómo pueden resolver los conflictos las personas con apego inseguro sin sufrir ansiedad? La respuesta es disponer de un espacio seguro.

Un espacio seguro es a un lugar donde dos personas puedan comunicarse y resolver las cosas sin sentirse heridas. La primera y más clara característica de este espacio seguro es que no permite que haya ataques, descalificaciones, reproches, ofensas o juicios agresivos. Este espacio debe garantizar que eso no sucederá. Es importante que ambas partes se comprometan a respetar el espacio seguro. De lo contrario, la conversación deberá detenerse.

En un espacio seguro sabes que no te van a hacer daño y que puedes abordar los conflictos de manera constructiva y respetuosa a través de una buena comunicación, escuchando al otro aunque no nos guste lo que diga. Ambos respetarán su turno de palabra y pactarán el tiempo que tiene cada uno para hablar sin ser interrumpido. Hay que establecer las condiciones necesarias para que ninguno de los dos se sienta presionado, y permitir espacios de reflexión.

La escucha nos permitirá no anticiparnos, sacar conclusiones precipitadas o hacer interpretaciones negativas. Démonos permiso para preguntar todo aquello que no hayamos entendido bien, lo que necesitamos saber y que nos expliquen. Si hacemos una aclaración y no se entiende, lo explicaremos de diferentes formas hasta que el otro confirme que lo ha entendido.

La escucha activa

Una manera de establecer una conversación mediante una escucha activa es cambiando afirmaciones por preguntas, pero no preguntas capciosas, claro, sino preguntas que surjan de lo que el otro dice y que están destinadas a comprenderle mejor. Por ejemplo:

—Siento que te ha molestado que te pidiera que vinieras conmigo al evento. ¿Es así?

—Sí, sabes que no me gusta ir a sitios en los que hay tanta gente, no lo paso bien y no me gusta sentirme obligado a hacerlo.

—Cierto, sé que no te gusta ir a esos sitios, pensé que en este caso sería diferente, pero veo que me he equivocado. ¿Por qué piensas que tienes la obligación de venir?

—Porque si no lo hago te enfadas, pones mala cara y después te veo seria durante un tiempo.

—Es cierto, me sabe mal que no vengas, pero no me enfado, te lo aseguro, entiendo muy bien que no tienes ninguna obligación y lo respeto. ¿Es posible que esa sensación de sentirte obligado te empuje a querer venir menos a esos sitios conmigo?

—Sí, algunas veces me gustaría hacerlo por ti, pero si lo hago parece que solo lo hago porque hay que hacerlo. Estoy cansado de que, haga lo que haga, nunca sea suficiente para ti.

—Sí, reconozco que haces muchas cosas y quizá no te lo agradezco lo suficiente. ¿Piensas que no estoy feliz contigo?

—Exacto, eso pienso, te quejas por todo, cada cosa que no te gusta comporta una discusión, nunca puedo estar tranquilo.

—Entiendo. Quizá no es que no hagas suficiente, sino que yo te pido demasiado. ¿Puede ser?

—Sí, para mí es así. Así me siento yo. Y ya no sé qué hacer.

—Creo que no era realmente consciente de esto que me dices, lo comprendo. Siento que a veces necesito más de ti y no te lo pido bien si me quejo y me enfado. Si te lo pidiera de otra manera, sin que pareciera una exigencia o una queja, ¿sería más fácil para ti?

—Sí, siempre que, si por alguna razón no quiero concederte algo, no me hagas sentir culpable. Como te digo, muchas veces me doy cuenta de que debería atenderte un poco más, pero tus enojos y tu presión me bloquean.

—Claro, ahora lo entiendo. Te prometo que a partir de ahora lo haré así. Y si no lo hago me lo recuerdas, por favor, no quiero faltar a este compromiso. ¿Te parece bien?

—Claro, me parece una buena idea. Yo también pondré de mi parte.

Podemos caer en la trampa de que una persona evitativa nos conceda el espacio para que la dejemos en paz y luego no ponga de su parte. O que la persona ansiosa acceda a crear el espacio seguro, pero luego se deje llevar sin respetar el pacto. Los dos deben estar dispuestos a aprender a comunicarse y respetar el espacio seguro, aunque al principio cueste que funcione. Con el tiempo y la práctica, el espacio seguro puede volverse más habitual y efectivo.

Si la conversación se convierte en discusión, notamos que nos ponemos nerviosos o agresivos, debemos parar y retomar la conversación más tarde. Ambas partes deben garantizar que se respetará esta pausa y se comprometerán a retomar la conversación.

Es necesario encontrar el momento adecuado y acordar hacerlo cuando ambos se sientan preparados y, por supuesto, no postergar la conversación de manera indefinida.

La comunicación efectiva no suele funcionar bien al principio. Cuando se trata de un conflicto de pareja, las cosas no funcionan perfectamente de inmediato. Lo fundamental es no atacar a nuestra pareja y, si esto sucede, detenernos antes de que la discusión escale. Si le faltamos al respeto pediremos disculpas, reconociendo que nuestra forma de expresarnos no ha sido respetuosa, sin renunciar a aquello que estamos defendiendo. Pedir disculpas nos permite reparar el daño y continuar avanzando en el espacio seguro.

Un espacio seguro es ideal para negociar. Cada uno tiene derecho a pedir y defender su postura, ya que las de ambos son legítimas. En una negociación las dos partes tienen los mismos derechos. En ningún caso hay que caer en el error de afirmar que nuestra manera es la correcta y la del otro no, ya que esto es una agresión. El reconocimiento y el respeto deben ser recíprocos.

El objetivo de una negociación es encontrar un término medio que concilie las posturas y satisfaga a ambas partes.

El resultado no puede ser simplemente lo que uno o el otro quiere, sino un punto intermedio que tenga en cuenta las necesidades y deseos de ambos. Cuando se llega a un acuerdo en el que ambos están conformes, aunque no sea exactamente lo que querían al principio, se ha avanzado y se ha negociado de manera efectiva.

La negociación

A menudo las posturas de cada uno son irreconciliables, incluso la opción de ceder se ve inaceptable. En cualquier caso, en un conflicto, debemos ser capaces de negociar teniendo en cuenta la postura del otro. Por ejemplo:
—Sabes que no me gusta ir sola a los sitios, la gente piensa que no tengo pareja.
—Sí, lo entiendo, pero no me parece correcto que para que tú no te sientas mal yo tenga que ir y pasar un mal rato.
—Si al menos me acompañaras algunas veces, otras podrían justificarte, la gente sabría que existes y que no estoy sola.
—Claro, lo entiendo. Puedo acompañarte alguna vez, pero no cuando tú me lo digas, sabes que yo tengo otras cosas que hacer.
—Podríamos establecer un acuerdo: tú vienes las veces que te apetezca, yo no te digo nada, lo respeto y te lo agradezco. A cambio tú te comprometes a que esas veces representen un cincuenta por ciento. Así yo no lo paso tan mal por ir sola y tú tampoco por tener que venir cuando no te apetece.
—Me parece correcto. Si quieres me anticipas fechas y yo te confirmo a cuáles te acompañaré. También me gustaría que se terminaran los reproches. No te pido que me lo agradezcas, valoro que lo hagas, pero me gustaría creer que estás contenta con el acuerdo y conmigo.

—Perfecto, por supuesto, lo entiendo y así lo haré. Sé que haces un esfuerzo por mí y me siento muy afortunada. Y yo tengo que respetar tu parte, es un trato justo.

Las conclusiones y acuerdos a los que llegaremos deben ser tomados como compromisos serios, y nos aseguraremos de cumplirlos. La palabra compromiso es fundamental para crear un espacio seguro.

Hay muchas formas de prepararse para un espacio seguro: meditar, reflexionar sobre lo que se quiere decir, tomar notas... Al igual que nos preparamos para una reunión de trabajo para que funcione bien, debemos hacer lo mismo en una reunión de pareja, ya que es tanto o más importante.

Algunas diferencias pueden ser insalvables y que no haya margen para la negociación. En estos casos, debemos ser realistas y aceptar que hay temas que son innegociables. Si no hay posibilidad de llegar a un acuerdo y las posturas son totalmente inflexibles, no tiene sentido forzar un espacio seguro. En estos casos, es necesario plantearse si la relación puede continuar.

En la mayoría de los casos, aunque las posturas sean difíciles de conciliar, el esfuerzo por crear un espacio seguro y negociar es muy beneficioso. Si no logramos romper la rigidez de las posturas, buscar terapia puede ser una buena opción. La terapia, ya sea individual o de pareja, puede ayudar a eliminar obstáculos, crear un espacio seguro y facilitar el consenso y el compromiso necesarios.

El espacio seguro es un lugar de acuerdos, respeto, consenso y compromiso. Es donde las partes pueden expresarse libremente, escucharse mutuamente y buscar soluciones que satisfagan a ambas partes. A veces puede ser necesario contar con ayuda externa, como un terapeuta, para facilitar este trabajo y abordar conflictos complejos.

Este enfoque debería convertirse en un hábito permanente en todas las parejas para que la relación sea cada día mejor. Una relación de pareja crece y se fortalece gracias a una buena comunicación, y un espacio seguro es la mejor opción para mantener y enriquecer esa comunicación.

En resumen, crear un espacio seguro requiere paciencia, práctica y una voluntad mutua de establecer una comunicación efectiva y resolver los conflictos de manera constructiva.

21

AUTOESTIMA SANA

Cuando hablamos de autoestima nos referimos a cómo nos relacionamos con nuestra parte más sensible y vulnerable. Esta parte corresponde a lo que llamamos el niño interior. En nuestra primera infancia y a lo largo de nuestro desarrollo psicológico hemos percibido el amor que recibimos de manera más o menos subjetiva, desarrollando una idea de cuánto somos merecedores de ese amor.

Cuando el niño no se siente querido lo atribuye a su propia insuficiencia. No piensa que sea culpa de los padres. Si no te quisieron lo suficiente sientes que fue porque no lo merecías. No fuiste capaz de hacer que te amaran más o mejor o te faltaba algo que los demás tenían y tú no. Esa sensación de no merecer, de no ser suficiente ni capaz es lo que se traduce en una baja autoestima y nos acompaña a lo largo de la vida hasta que somos capaces de convencernos de lo contrario.

La falta de autoestima deriva de la carencia de confianza básica, una percepción profunda de que la vida no nos va a sustentar sin más. Cuando no tenemos confianza básica sentimos que debemos conseguir esa seguridad de alguna manera, mediante esfuerzo o sacrificio. Debemos conseguir que nos quieran porque no nos van a querer sin más, ya que no tenemos un valor intrínseco que haga que los demás deseen amarnos.

Si fallamos nos dejarán de amar y sucumbiremos en el vacío, en el abandono y en la soledad, donde nada nos sustentará.

El principal problema derivado de la falta de autoestima es la culpa o la vergüenza, la causa de que nos sintamos inferiores. Si no somos capaces de que nos quieran o nos valoren nos adjudicamos la culpa, nos castigamos y nos sentimos más pequeños todavía. Cuanto menor es nuestra autoestima, menos nos valoramos y menos esperamos que nos valoren los demás, hasta el punto en que muchas personas ni siquiera lo intentan: se anticipan al rechazo y, si alguien trata de apreciarlos, lo niegan escépticos, no se lo creen. Este proceso puede socavar cada vez más nuestro amor propio y hacernos sentir más solos.

El prefijo «auto» de la palabra autoestima implica, etimológicamente, «hacia uno mismo». De modo que nunca vamos a encontrar la autoestima en los demás. Que nos valoren o no, en realidad, no afecta a nuestra autoestima directamente. Que necesitemos ser valorados conlleva que no nos valoramos a nosotros mismos. Volviendo al niño interior, lo que nos hace sentir amados de verdad, desde pequeños, es el amor incondicional. Nos aman porque somos merecedores de amor, sin que tengamos que hacer nada.

Para mejorar la autoestima debemos tener en cuenta varias dimensiones del problema, que podríamos resumir en tres conceptos:

EL DIÁLOGO INTERNO

El diálogo interno es la representación de cómo nos relacionamos con nosotros mismos. Si nos queremos, nos tenemos que tratar bien.

¿Cuántas veces nos decimos, incluso con rabia, lo defectuosos que somos? Nos descalificamos, nos despreciamos, nos castigamos, incluso expresamos odio hacia nosotros mismos. La mayoría de las veces nos tratamos peor de lo que trataríamos a cualquiera y nos decimos cosas que no permitiríamos que nos dijera nadie. Si alguien nos ofendiera de la manera que tantas veces nos ofendemos a nosotros mismos no se lo permitiríamos, intentaríamos evitarlo, nos defenderíamos o le demostraríamos a esa persona que está equivocada. Entonces, ¿por qué lo permitimos cuando sucede en nuestro diálogo interno? ¿Por qué no reaccionamos igual que lo haríamos con alguien? ¿Por qué no le ponemos fin? La respuesta es sencilla, porque viene de dentro de nuestra cabeza y le damos valor de verdad, nos creemos las cosas que nos decimos porque no sabemos identificar de dónde vienen esas palabras.

En la mayoría de los casos, este diálogo interno reproduce las interacciones que tuvimos con nuestros progenitores u otras figuras de apego. De este modo, el maltrato representa a una parte de nosotros (la parte adulta, que puede representar al padre, la madre, un hermano mayor, un profesor, etc.) y se dirige a la parte que representa a nuestro niño interior (el niño que fuimos en aquel momento). Algunas veces nos decimos cosas que nos ayudan, como hicieron nuestros padres, y eso está bien. Pero si fueron duros con nosotros, nuestra voz interior hará lo mismo: si nos ofendieron, nos ofenderemos; si nos castigaban, nos castigaremos; si nos despreciaban, nos despreciaremos; incluso si nos manipularon de alguna manera nos acabamos manipulando igual. Así funciona.

A menudo reproducimos el daño sufrido en la infancia hurgando en nuestras propias heridas y revivimos una y otra vez ese dolor emocional como reacción a algo que está sucediendo, por ejemplo durante un conflicto en nuestra relación de pareja. Si nuestra voz crítica nos hace sentir mal, podríamos hacerla consciente del dolor que ocasiona, de cómo destruye nuestra autoestima, de que debería ser capaz de recapacitar y cuidar de ese niño interior que fuimos y que ya sufrió suficiente cuando no le trataron bien, en vez de castigarle más. De que es un error, no es esta la manera adecuada, que no podemos sentirnos amados por nadie si no nos amamos bien a nosotros mismos. Esa es nuestra labor: tratarnos con afecto, con comprensión, con bondad y con tolerancia, como trataríamos a un niño, como nos hubiese gustado que nos trataran cuando éramos pequeños. Debemos vigilar el diálogo interno, corregirlo e incorporar las voces que nos gustaría oír. Debemos aprender a dar voz y valor a ese niño interno que tiene tantas cosas que decir y que tan pocas veces tenemos en cuenta. Debemos preguntarle qué necesita y no tratarlo como si fuera una parte débil, como si nos diera vergüenza su existencia, como si tuviéramos que ignorarlo y callarlo en vez de valorarlo y escucharlo. Nunca nos sentiremos bien si no nos tratamos bien, nunca saldremos indemnes si nos hacemos daño a nosotros mismos. Piensa en cómo le hablarías a alguien muy importante para ti. Como mínimo, así es como debes hablarte a ti mismo.

EL AUTOCUIDADO

Una de las principales razones por las que decae nuestra autoestima es porque nos descuidamos en cuanto nos sentimos mal. El desánimo, la ansiedad, la tristeza, nos hacen olvidarnos de nuestra salud, de las cosas que nos gustan. Parece que todo eso pasa a segundo plano y nos centramos solamente en el problema o en la carencia, o esperamos que las cosas se resuelvan para volver a ocuparnos de nosotros. Pero si nos abandonamos nadie va a venir a cuidar de nosotros, eso es otro rasgo de inmadurez y un error de base, puesto que conforme nos dejamos de cuidar nuestra energía mengua, nuestra fuerza desaparece poco a poco, todos los problemas se hacen más grande mientras nuestra capacidad de resolverlos se hace más pequeña.

Cuidarnos es una obligación. Nos lo merecemos y lo necesitamos, pero sobre todo nos hace sentir bien. Con mimo, con esmero, dedicándonos tiempo, descubriendo las cosas que nos gustan, haciéndonos regalos, cuidando nuestra higiene, nuestro aspecto físico, nuestra salud y nuestro descanso, procurando espacios para nosotros.

Nuestra autoestima tiene una relación directa con nuestra energía y esta es positiva cuando nos cuidamos, vigilamos lo que comemos, establecemos rutinas de sueño, meditamos, tomamos los descansos necesarios, etc. No deberíamos dar por sentada la salud, ni la salud física ni la mental, es una responsabilidad y, evidentemente, hay que ocuparse de cuidarla. Nuestro estado actúa como un filtro de la realidad, si caemos en un estado pésimo la realidad que percibimos lo será también.

LAS RELACIONES SOCIALES

Las necesidades de apego no se limitan a tener una relación de pareja. Somos animales sociales, estamos diseñados para vivir en comunidad y relacionarnos con otras personas, no solo con una pareja. Tenemos amigos, compañeros de trabajo, familiares más o menos cercanos, vecinos… Podemos establecer muchos tipos de relaciones, unas más íntimas que otras.

Cuando cuidamos de nuestras relaciones creamos una red que nos sustenta. Sentir que hay personas con las que podemos contar cuando las necesitamos, a quienes importamos, que quieren compartir cosas con nosotros, produce una sensación de seguridad. No nos sentimos solos y por tanto sentimos la propia valía a través de los demás. Nos hacen de espejo, sin necesidad de darnos nada, sino confirmando que somos dignos de amor. Si tenemos a esas personas en nuestra vida es porque las merecemos.

Si solamente contamos con nuestra pareja, como sucede tan a menudo después de dejar de atender a amigos, familia, etc., las relaciones se vuelven más superficiales o desaparecen. Entonces nos encontramos con la dependencia: en cuanto nuestra pareja nos deja de atender un momento nos quedamos solos y la autoestima cae en picado.

Trabaja para crear una buena red de relaciones. Todos necesitamos personas con las que reír, llorar, desahogarnos, compartir y hacer planes. Una buena red sostiene una buena autoestima. Algunas personas son más compatibles que otras, algunas relaciones son más superficiales que otras, pero todas ellas cumplen una función, aportan algo y están ahí cuando tu pareja falla.

EL CRECIMIENTO PERSONAL

Una buena autoestima no es solamente producto de una buena infancia ni de unos cuidados adecuados por parte de nuestros progenitores. Es fácil ver cuántas personas han tenido todo eso y, a pesar de todo, no cuentan con las ventajas de una autoestima sana. O al revés, cuántas personas han sufrido grandes dificultades a lo largo de su infancia y han demostrado tener resiliencia suficiente como para recuperarse y reconstruirse, incluso muy por encima de la media. Incluso hay personas que han resurgido del sufrimiento y la dificultad, y no solo tienen una autoestima sólida, sino que aportan claves y recursos a otros. Una buena autoestima está directamente relacionada con el crecimiento personal y el autoconocimiento.

Una relación de pareja es un espacio en el que nos exponemos emocionalmente. En pocas situaciones nos expresamos con tanta profundidad. Nuestra pareja es un espejo para nosotros: nos ve en los momentos buenos, en lo malos, en nuestra vulnerabilidad, en nuestras ilusiones, en nuestros miedos, en nuestras debilidades, etc. Además, una relación de pareja conlleva muchos momentos de reacción emocional, muchas situaciones en las que no somos capaces de fingir o de aparentar indiferencia. Con nuestra pareja no somos tan capaces de reprimir nuestros impulsos emocionales como podemos hacerlo en otros ámbitos. Por eso, es en pareja donde tendremos que lidiar con nuestras dificultades psicológicas y habrá alguien que nos ponga a prueba constantemente. Es en pareja donde descubrimos toda la inmadurez emocional resultante de nuestras heridas de la infancia no resueltas.

Y también es en la relación de pareja donde se despiertan los estilos de apego inseguros. Si aprendemos a procesar los conflictos, a mejorar la comunicación, a convertir vínculos inseguros en espacios seguros de afecto y de intimidad, alcanzaremos un estilo de apego seguro y, por ende, curaremos nuestras heridas de la infancia.

Todos los problemas que tenemos en nuestras relaciones, con la pareja, con los demás y con nosotros mismos, son el resultado de no haber aprendido los recursos que necesitamos. Pero siempre estamos a tiempo de aprender a hacer mejor las cosas.

Nadie empieza una relación para sufrir ni para hacer sufrir a otra persona. Todos lo hacemos con ilusión, lo mejor que podemos. Pero a veces sale mal. Pero el problema no somos nosotros. El fallo no está en la persona sino en su falta de recursos.

Todo crecimiento personal nos hace mejores y es un beneficio para todos. Esto es algo trascendental en el funcionamiento de la relación de pareja. Hacer un trabajo de autoconocimiento no solo proporciona un apego seguro, sino que conlleva una mayor probabilidad de encontrar a una persona adecuada, sin dejarnos llevar por impulsos neuróticos, carencias o temas pendientes.

22

EL AFECTO Y LA INTIMIDAD

Hay dos conceptos que considero muy importantes a la hora de comprender, trabajar y mejorar la dinámica del apego: el afecto y la intimidad.

Por apego nos referimos al establecimiento y mantenimiento de un vínculo, algo para lo que estamos programados y orientados desde que nacemos. Entonces, ¿cómo se expresa y qué forma tiene el apego dentro de las relaciones de pareja? A partir de esos dos conceptos podemos dar respuesta a esta pregunta.

Cuando hablamos de afecto, tenemos que pensar en cómo expresamos a nuestra pareja y cómo sentimos que esta nos expresa el sentimiento de apego en la relación. Es decir, cómo sentimos que tenemos ese apego, cómo lo reconocemos, lo comunicamos y lo transmitimos. Eso es el afecto. Las expresiones de afecto son una forma de demostrar que te importa la otra persona, que sientes algo hacia ella, que la conexión o el contacto con ella te reconforta. El afecto es imprescindible, porque es lo que necesitamos para confirmar el vínculo de apego: saber que le importamos a la otra persona y demostrar que la otra persona nos importa; que, más allá de las circunstancias, uno va a cuidar del otro cuando lo necesite, que va a estar ahí siempre. Necesitamos dar y recibir muestras de afecto porque son, en esencia, muestras de conexión emocional, la confirmación de que no estamos solos.

No todos expresamos el afecto de la misma manera ni sentimos el mismo tipo de afecto que nuestra pareja, pero en todo caso es imprescindible que exista algún tipo de expresión afectuosa, una inclinación emocional, un impulso, un deseo de conectar emocionalmente con la persona que te importa, con la que estableces ese vínculo. Hay personas que expresan su afecto directamente, con palabras o caricias. Es lo más común y natural, pero también hay maneras de expresarlo simplemente apoyando, ayudando, dando ánimos, trabajando, cuidando, cocinando o teniendo detalles cotidianos con la otra persona. Por tanto, la manera de expresar el afecto puede ser muy variada, pero necesitamos de forma imprescindible percibirlo, y no solo eso, sino que sea confirmado regularmente, sobre todo en los momentos de más vulnerabilidad.

FORMAS DE EXPRESAR AFECTO

Hay numerosos casos en que una persona expresa el afecto de una manera concreta y su pareja de otra radicalmente diferente. Esto puede generar un problema, porque uno de los dos puede percibir que no está recibiendo afecto, ya que no llega según su manera de entenderlo. Podemos ser muy afectuosos a nuestra manera, pero no satisfacer a la otra persona porque espera otro tipo de demostración. Podemos quejarnos porque no estamos recibiendo afecto y que nuestra pareja no comprenda lo que está sucediendo porque a su manera sí nos lo está ofreciendo. Aquí nos encontramos con uno de los principales conflictos en las relaciones: las diferencias en los estilos de apego. Cuando esto ocurre, la insatisfacción, el reproche y la incomprensión suelen aparecer en poco tiempo.

Tenemos que entender que cuando hablamos de afecto también estamos hablando de estilos de afecto, igual que hablamos de estilos de apego y, por lo tanto, es importante entender la diferencia para poder comprender realmente a la otra persona, tener una buena comunicación y generar un buen vínculo.

Los estilos de afecto también los aprendemos en la infancia. Los modelamos a partir del comportamiento entre nuestros padres y de cómo nos mostraron afecto a nosotros. Si en tu infancia nadie usaba palabras cariñosas para dirigirse al otro o no eran habituales el contacto físico, los besos y los abrazos, es probable que tú no lo hagas de manera natural. Pero esto no significa que las personas de tu familia no se amaran, sino que quizá tenían otra forma de demostrarlo o preferían no hacerlo. Sin embargo, si llegas a una relación con una persona que aprendió a expresar el afecto de esa manera, no solo se generará un conflicto, sino que el problema se complicará, ya que para esa persona eso es lo normal.

EL ESPACIO DEL AFECTO

En cuanto al concepto de intimidad, cambia un poco las cosas, porque muchas veces podemos mostrar el afecto de una manera indirecta, como cocinando para la otra persona, cuidando económicamente de la relación o de la familia, estando disponible para lo que necesite o mostrando apoyo en sus proyectos. Pero este tipo de muestras de afecto, aunque sean muy válidas y genuinas, necesitan intimidad para ser efectivas en una relación de pareja.

La intimidad es la forma o el espacio donde se expresa el afecto. Si solamente se expresa afecto pero no hay intimidad, de poco sirve para nuestras necesidades emocionales. Cuando estás en una relación así sientes que no recibes el cariño que necesitas, dudas de que la otra persona te quiera y cuando se lo comunicas te dice que no es así, que sí que le importas, que no estaría contigo si no te quisiera, que si lleva tanto tiempo contigo es por algo, etc., algo que muchas veces escuchamos como una justificación, pero no nos convence, no sentimos que sea verdad. Si no va acompañado de la conexión que se siente en la intimidad de la relación, no creemos realmente que el otro nos quiera.

En muchas parejas se da este problema porque el apego, como ya os he explicado anteriormente, es una necesidad. Sabemos que nuestra pareja lo necesita, y para que lo reconozca debe recibir nuestras muestras de afecto que, en conclusión, también son una necesidad humana. La intimidad es el «vehículo», el «espacio de conexión» desde el que se emiten nuestros mensajes de afecto y donde mejor se reciben, donde constatamos profundamente que somos importantes para el otro, porque en la intimidad estamos abiertos emocionalmente. Por eso el afecto y la intimidad son imprescindibles en el vínculo emocional.

La intimidad es la clave de una relación sana, porque es ahí donde compartimos nuestras emociones, nuestro mundo interior, donde realmente nos mostramos tal y como somos. Y aunque realmente creamos que le importamos a nuestra pareja, si no existe ese espacio de intimidad siempre sentiremos una carencia, una falta de conexión. Por lo tanto, es importante valorar los espacios de intimidad en la relación y entender que esta intimidad es un espacio de vulnerabilidad, donde expresamos nuestra mayor fragilidad, cosas que no compartimos con los demás. Por esa razón son tan importantes el respeto y la confianza. Dentro de la intimidad tiene que haber confianza siempre. Las faltas de respeto y de confianza destruyen la intimidad porque amenazan nuestra vulnerabilidad. Si no nos sentimos seguros, la relación no funciona, aunque externamente pueda haber mucha cordialidad, comprensión o apariencia de felicidad. Si desaparece la intimidad debido a las faltas de respeto y no lo resolvemos, al no poder intimar con nuestra pareja desaparecerán el afecto y el apego, separándonos emocionalmente, poco a poco.

Por esta razón, en las relaciones de pareja pasan muchas cosas que no vemos venir, como la necesidad de acudir a terceras personas para sentir ese afecto, tratar de ocupar nuestro tiempo trabajando en exceso o buscar actividades en grupo donde otras personas nos hagan sentir bien. Si no somos capaces de conseguir satisfacer esa necesidad afectiva dentro de la relación de pareja buscamos otra manera de hacerlo. Es, como he dicho antes, una cuestión de supervivencia emocional.

La intimidad es fundamental y, por eso, si en una relación de pareja no hay afecto ni intimidad y en su lugar hay discusiones, peleas, reproches, quejas o falsas conversaciones cordiales que solo tratan de evitar el conflicto, una relación no funciona o lo hace solo de manera aparente y superficial. Y si, además, cuando uno necesita ese afecto no lo encuentra, empieza a sentir una ansiedad que lo moviliza para tratar de encontrarlo, porque inconscientemente está respondiendo a una señal de peligro. La ansiedad, de algún modo, pone en alerta nuestro instinto de supervivencia. Y desde esta ansiedad articulamos una serie de estrategias encaminadas a conseguir el afecto. Estas estrategias son lo que llamamos «estilos de apego».

En cualquier relación de pareja en la que no se comparten momentos de intimidad, en la que cada uno solo se dedica a sus cosas, su trabajo, sus tareas, a los hijos, a sus actividades de ocio, etc., aunque parezca que todo funciona, si no se dedica el tiempo necesario a la intimidad, la conexión emocional se deteriora y la relación, en consecuencia, también.

Teniendo en cuenta todas estas necesidades emocionales, debemos comprender la importancia de trabajar en la relación, de cuidar del afecto y la intimidad de forma habitual y consciente. Si no tenemos estos momentos de afecto e intimidad deberíamos considerarlo como una tarea pendiente, porque su carencia puede representar una separación emocional que poco a poco destruirá la relación hasta que, probablemente, al cabo de unos de meses o años, sea demasiado tarde.

Si no hay afecto ni intimidad en una relación es poco probable que sea una relación sana. Pero realmente, ¿de qué hablo cuando hablo de intimidad? Es muy sencillo: la intimidad está formada por los momentos que pasas con tu pareja compartiendo cosas íntimas, cosas que no compartes con los demás, en los que estás exclusivamente pendiente de tu pareja y ella de ti; momentos de atención plena, aunque sean muy pequeños. Unas veces suceden en un segundo, otras en minutos u horas. Esos momentos serán los que fortalezcan la relación, los que refuercen la conexión emocional y, por lo tanto, el vínculo de apego. Por poner un ejemplo: una expresión de afecto puede ser algo tan sencillo como besar a tu pareja o tomarla de la mano, sentarte frente a ella y preguntarle cómo está, cómo le ha ido el día o si necesita algo.

En un espacio de intimidad esto sucede de manera consciente, de manera sentida. Cuando percibes ese beso, ese contacto en la piel o esos ojos que se preocupan por ti compartes el espacio con tu pareja a través de una conexión emocional. Sientes el momento y la sientes a ella como si fueran una sola cosa.

Muchas veces, en los espacios de intimidad no hay palabras, solo sensaciones. Otras veces son expresiones emocionales como el llanto, la risa o el placer. También pueden ser conversaciones, incluso interacciones a distancia, donde la pareja comparte sus sentimientos y sus pensamientos más íntimos, dando y recibiendo escucha y comprensión.

Es decir, compartir cosas íntimas. Solo hay que ver lo que ocurre cuando no lo hacemos. Cómo te sientes, por ejemplo, cuando quieres contarle a tu pareja algo que te importa o cómo te sientes si ella no le da importancia, no te escucha o no muestra ningún tipo de interés. En este tipo de situaciones generamos la carencia y la inseguridad, y actuamos desde el dolor. Es entonces cuando en ocasiones podemos acabar buscando a otra persona, otros vínculos donde poder expresar nuestras intimidades. Aquí podemos ver cómo, a partir de este sentimiento de carencia, se gestan sentimientos negativos hacia una persona que debería inspirarnos emociones positivas. Y lo peor de todo es que a menudo no sabemos por qué ha sucedido, no lo hemos visto venir o no hemos querido verlo.

CUANDO EL VÍNCULO SE ENFRÍA

A menudo no nos damos cuenta porque estamos ocupados, distraídos, trabajando o no tenemos tiempo, así que normalizamos este «enfriamiento» de la relación como si fuera algo inevitable, como si se nos hubiera olvidado por qué elegimos a esta pareja, qué buscábamos en la otra persona. Pero si no tenemos tiempo para nuestra pareja o ella para nosotros por lo menos unos minutos diarios para escuchar y compartir esa intimidad y ese afecto, acabaremos percibiendo esa carencia, esa sensación de que no le importamos, de que no nos quiere aunque diga que sí, de empezar a sentirnos como extraños. Si el vínculo se enfría la insatisfacción nos invade poco a poco, desde dentro, aunque todo lo demás parezca estar bien. Con esta carencia la relación no puede funcionar, el vínculo emocional se debilita, la seguridad de apego se ve amenazada y el vacío se va haciendo cada vez más grande, hasta que la necesidad de llenarlo se hace insoportable.

Respecto a las muestras de afecto, en toda relación debería haber dos formas de expresarlo. Una de ellas es la tuya, aquella en la que tú te sientes bien, la que has aprendido por tu experiencia; expresar el afecto es bueno para nosotros mismos, por lo que debemos validar nuestras maneras de manifestarlo darnos permiso para hacerlo y recibir reconocimiento por la otra parte. Pero también están las maneras del otro. Nuestra pareja, quizá, tiene una forma de expresar el afecto diferente y, aunque no coincida con la nuestra, podemos aprender a entenderlo, observar cómo se expresa para intentar demostrar nuestro afecto de esa misma manera si es posible, sin excluir la nuestra. No cambiar sino sumar, aprender del otro y crecer juntos. Es decir, ambas partes deberían ser capaces de demostrar afecto a su manera e intentar entender la forma de expresarlo de su pareja e incorporarla, por su parte, a la relación, porque así ambos se sentirán conectados, se creará ese espacio de intimidad de la manera más nutritiva y satisfactoria.

En conclusión, debemos comprender que la manera en que un vínculo de apego se mantiene y se refuerza es mediante la intimidad y el afecto; que si no trabajamos en ello de forma consciente es altamente probable que por lo menos uno de los dos sienta ansiedad e insatisfacción, es decir, que desarrolle un estilo de apego inseguro. Si no se resuelven, estas carencias e inseguridades deterioran la relación, se transforman en conflictos destructivos y desgastantes que terminan causando un gran sufrimiento del que culpamos a la otra persona. A continuación, ella hace lo mismo y comienzan las peleas, las acusaciones y los rencores. Nos lastimamos hasta que la relación se convierte en algo muy diferente de lo que esperábamos. Cuando nos quedamos ahí, sufriendo, en vez de terminar y alejarnos, nos encontramos con lo que llamamos una «relación tóxica».

23

LAS RELACIONES TÓXICAS

La definición de una relación tóxica es muy clara. Si estás en una relación de pareja, lo estás para estar bien, para sentir y expresar afecto, para sentir que tienes un vínculo emocional y que este vínculo te aporta satisfacción. Pero cuando tu relación de pareja te hace sufrir, cuando este sufrimiento acaba siendo lo que define tu relación, cuando haces sufrir a tu pareja o viceversa y no eres capaz de cambiar ni de salir de ahí, estás en una relación tóxica.

A menudo, cuando nos encontramos en este tipo de relaciones no nos damos cuenta de que una cosa lleva a la otra; una relación tóxica afecta a la autoestima de la persona que la está sufriendo y, aunque seguramente no se lo merezca, hay alguna razón que le hace creer que sí y que tiene que aceptarlo y seguir sufriendo hasta conseguir que las cosas cambien. Esto demuestra que se está dando muy poco valor a sí mismo, no se está cuidando, no se está queriendo bien. Eso es falta de autoestima.

Además, esa baja autoestima, a su vez, afecta a su comportamiento en la relación, lo cual puede volverla aún más tóxica. Una baja autoestima se traduce en comportamientos ansiosos, invasivos u ofensivos que perjudican a la relación, que ponen a un miembro en contra del otro, que desatan una serie de mecanismos de defensa que convierten cualquier conflicto en una zona de guerra donde lo que más le importa a cada uno es demostrar quién tiene razón o quién es el culpable, quién gana o quién pierde. La baja autoestima contribuye a que una relación sea tóxica y la relación tóxica contribuye a la baja autoestima. Es como un pez que se muerde la cola.

Una relación tóxica es aquella de la que deberíamos marcharnos en lugar de quedarnos. Cuando estás en una relación y te tienes que plantear por qué estás ahí, que no eres feliz, que no lo estás pasando bien, que te sientes cada vez peor y que la otra persona no te quiere y no te trata bien, no lo dudes: estás es una relación tóxica.

Lo que define una relación tóxica es su dinámica destructiva. Sin embargo, en ocasiones la toxicidad se encuentra en las personas que componen la pareja (o, al menos, en una de ellas). Si empiezas a estar en pareja con una persona tóxica, la relación acabará siendo tóxica, pero incluso así, aunque te sientas víctima de ello, es probable que estés contribuyendo a generar esa toxicidad con tus comportamientos. Aunque pretendamos mirar hacia otro lado, en ocasiones somos conscientes de que nuestra pareja nos trata mal y nos preguntamos por qué lo consentimos. «Si mi pareja me trata mal, si me hace daño, ¿por qué lo consiento?» No dar respuesta a esta pregunta es una falta de autorresponsabilidad, ya que al no poner remedio nos estamos suministrando la toxicidad a nosotros mismos. Este es el reflejo de una baja autoestima.

Esto, lamentablemente, en muchas relaciones está normalizado. Sirva de ejemplo este caso:

Él está enamorado de ella desde hace mucho tiempo, ella también. Sin embargo, de vez en cuando ella comienza a interrogarle, unas veces por teléfono: ¿Dónde estás? ¿Con quién estás? ¿Con quién estabas hablando cuando te llamé? ¿Por qué estás aún en el trabajo? Otras veces presencialmente: ¿Por qué has llegado tan tarde? ¿Qué es ese arañazo que tienes en el brazo? ¿Por qué vienes tan despeinado? Él trata de darle todas las explicaciones. Para cada pregunta tiene una respuesta, no ha hecho nada malo y no tiene nada que ocultar.

Ella continúa con el interrogatorio, pero entonces empieza a hacer acusaciones que reflejan aún más desconfianza: ¿Y cómo sé que es verdad lo que me dices? Déjame ver el móvil para que pueda saber si es verdad; seguro que hay alguien más y no me lo quieres decir; sé que me estás ocultando algo; no puedo confiar en ti...

Él acaba poniéndose nervioso, se enoja y se siente ofendido, así que decide quejarse o evitar la discusión. Entonces las acusaciones continúan: no me haces caso, no te importo, te da igual que lo esté pasando mal.

Ella nunca tiene fin. Él no quiere romper, así que le enseña el móvil, le da toda clase de explicaciones, sale del trabajo y se va directamente a casa, intenta no hablar con nadie, no sale con amigos. Pero no sirve de nada, la relación ha caído en una dinámica tóxica: ella le interroga y lo acusa y él hace todo lo que ella le dice para no perderla; ella siempre se muestra desconfiada e insegura, él siempre tenso y enojado.

Algunas veces, la toxicidad está en el otro porque trata de manipularte, engañarte, o de hacerte sentir mal. Te culpa, te ofende, no te respeta... Otras veces la toxicidad la ponemos nosotros, al no ser capaces de poner límites en la relación cuando nos están haciendo daño, cuando mendigamos y pedimos amor o cuando damos demasiado. Cuando hacemos grandes esfuerzos esperando que la otra persona nos corresponda, contribuimos a esa toxicidad. Y, en cualquier caso, aunque no colaboremos de forma directa, nuestra aportación a la toxicidad de la relación se incrementa cada vez que decidimos quedarnos cuando sabemos que tenemos que irnos.

LA DEPENDENCIA EMOCIONAL

No hay que olvidar que detrás de este problema está la dependencia emocional, que no nos permite marcharnos cuando deberíamos hacerlo, aunque seamos conscientes de ello y nos lo diga todo el mundo. Otras veces, transcurre un periodo de tiempo muy largo hasta que nos damos cuenta, y cuando lo hacemos la relación ya nos ha intoxicado tanto que es difícil salir de ella debido al problema de autoestima que provoca.

Un niño nace programado para sobrevivir y desarrollará sus estrategias de conducta buscando un vínculo con su madre o con los cuidadores que se encuentren disponibles. Cuando atravesamos una etapa de baja autoestima, nuestro niño interior conecta con su instinto de supervivencia y su necesidad de apego, como si tuviera que enfrentarse a una amenaza de muerte. Hay personas que, ante una ruptura, sienten que se van a morir, que si su pareja les deja no podrán seguir viviendo. Aunque en realidad sepan que es una exageración y todo el mundo les diga que no es cierto, el miedo interior del niño desvalido es muy real.

Si entendemos esto veremos que, en una relación de pareja, por muy tóxica que sea, hay algunas personas que escogen ese tipo nocivo de apego porque sienten que la alternativa será peor y, aunque sea una lógica extraña, responden a su instinto. Si tienen que escoger entre bienestar sin pareja o apego inseguro y tóxico con pareja, prefieren el apego inseguro, ya que la mera posibilidad de que cambie la situación les da una esperanza, aunque sea de una falsa seguridad. Y escogemos esto antes que el bienestar, si bienestar se traduce en que vamos a quedarnos solos, y en la soledad nos sentimos perdidos.

¿Cuántas veces hemos visto a una persona sufriendo en una relación, a veces de maneras horribles, a cambio de una pequeña muestra de afecto, de satisfacer esa necesidad de apego, aunque sea un momento, aun sabiendo que va a ser solamente un instante de amor dentro de un infierno de relación? La mayoría de las veces, debido a las manipulaciones o las dinámicas destructivas propias de la relación tóxica, existen momentos de afecto que mantienen ahí a la otra persona. Hay muchos casos en los que, por ejemplo, los miembros de la pareja discuten, se hacen daño, y de alguna manera se dejan de relacionar o se separan, pero a medida que pasa el tiempo se empiezan a extrañar, precisamente por esta necesidad de apego. Cuando cada uno de ellos se queda solo, el sentimiento de soledad hace que piense inevitablemente en su pareja (o expareja), aunque lo haya pasado mal, pues es aún su figura de apego. Y su programación emocional le impulsa a regresar, en la mayoría de los casos.

La soledad se hace insoportable cuando rompemos un vínculo establecido, aunque haya sido tóxico.

La situación se complica al intentar recuperar la relación, porque si se alcanza una reconciliación, aparecen de nuevo las muestras de afecto, el vínculo se refuerza momentáneamente y, aunque sea breve, puede ser muy intenso y, por supuesto, muy adictivo. Por eso cuesta tanto dejar una relación, porque tratamos de mantener la esperanza y cada reconciliación refuerza esta creencia. Aunque la realidad sea que tu pareja te hace sentir bien solamente una vez a la semana, una vez al mes, lo prefieres a estar solo, y por eso aceptas esta toxicidad en la relación, por eso mendigas tantas veces esa pequeña muestra de amor, aceptando grandes sacrificios y sufrimientos, humillándote tanto que te acaba destruyendo, y cuanto más destruyes tu autoestima, más mendigas, porque menos merecedor de amor y más impotente te sientes. Cuando tu autoestima está destruida piensas que si se rompe la relación no vas a encontrar a nadie que te quiera, y tu única esperanza es recuperar a esa persona.

AUTOENGAÑO Y CULPA

Por otra parte, aunque es algo que no se muestra con tanta claridad, nos encontramos con otro componente de las relaciones tóxicas: el autoengaño. Se trata de una estrategia inconsciente en la que nos decimos que algo va a cambiar, que si nos esforzamos mucho a lo mejor lo conseguimos, porque la otra persona lo va a reconocer y va a rectificar, se va a dar cuenta de su error y nos va a querer. Estas estrategias de autoengaño suelen tener que ver con esperanzas infundadas, con la incapacidad de aceptar la realidad, con la idealización y la fantasía de un desenlace romántico como el de las películas de amor en las que al final todo acaba bien.

A partir del autoengaño, aparece otro concepto más pernicioso: la culpa. Cuando estamos en una relación tóxica, a menudo pensamos de manera más o menos inconsciente que hemos hecho algo mal, que si nos perdonan, si no volvemos a equivocarnos, si mejoramos, por fin nos van a querer, por fin va a funcionar la relación. La mayoría de las veces esto es fruto de la manipulación que la otra persona ejerce sobre nosotros. Nos hace creer que todo es culpa nuestra, que su comportamiento negativo se debe a nuestros errores o faltas.

Si asumes que todo es tu culpa, lógicamente piensas que puedes hacer algo para que la relación funcione, que puedes dejar de hacer lo que hayas hecho mal. Y, muchas veces, aunque todo el mundo te diga lo contrario, prefieres creer esto, mantener esa esperanza, en lugar de concluir que tú no tienes la culpa de nada, que no hay nada que hacer cuando la otra persona te está manipulando e hiriendo y no le importas. Una persona tóxica no va a dejar de serlo, y si te culpa es para no asumir su responsabilidad, no admitir sus errores y no sentirse mal consigo mismo o de cara a los demás.

Hay otro mecanismo psicológico que debemos añadir y que forma parte de esta toxicidad tan dañina: la represión de las emociones. Reprimir emociones en una relación es lo más incoherente que podemos hacer. Tratar de mantener una relación reprimiendo nuestras necesidades, nuestros deseos, nuestras ilusiones; negando nuestra tristeza, nuestras carencias, nuestro dolor; callando, a veces, por no provocar un conflicto, por no provocar un abandono; con miedo a expresar tus propios valores, defender tu forma de vivir, de entender la vida, la relación, tus sueños o tus proyectos, es el mayor antídoto para la felicidad en una relación. La represión de las emociones es uno de los ingredientes más tóxicos, es un veneno que nos destruye desde dentro con tal de que la otra persona no se vaya. Esta actitud nos hunde en la insatisfacción, la ansiedad y la tristeza, tanto dentro de la relación como en el resto de ámbitos de la vida. Necesitamos expresar nuestras emociones, porque si no lo hacemos la relación no tiene sentido. Una relación de pareja es una relación emocional. El simple hecho de que esto te esté sucediendo debería ser suficiente para que te des cuenta de que con esa persona nunca serás feliz.

Una persona con una buena autoestima, con un estilo de apego seguro, nunca permanece en una relación tóxica más allá del tiempo necesario para darse cuenta de que el problema no tiene solución. Pero, ¿cómo saber cuándo no tiene solución?

CÓMO SABER QUE UNA RELACIÓN DE PAREJA HA TERMINADO

Si tu pareja te hace daño, se lo expresas, se da cuenta, pero continúa haciéndolo; si ya no te quiere, si con sus comportamientos te demuestra que ya no le importas y no hace nada para cambiarlo, esa relación no tiene solución. Si has intentado todo lo que está a tu alcance, si has buscado ayuda pero no se arregla, esa relación no tiene solución. Si, además, después de intentarlo, resulta que las cosas están cada vez peor, si el daño que os habéis hecho ya no se puede perdonar, si las faltas de respeto o de confianza no se pueden reparar, esa relación no tiene solución; si todo el mundo te dice, incluso tu propia pareja, que no te quiere y te lo está confirmando, ya hace tiempo que la relación no tiene solución

Y si, a pesar de todo esto, piensas que sí, que siempre puede haber una solución y no quieres abandonar, examina bien el precio que estás pagando, cuánta vida te estás dejando en el intento, cuánto sufrimiento puedes asumir en nombre de, simplemente, una posibilidad remota. Llegados a este punto deberíamos ser más realistas: las probabilidades de que seas feliz son mucho mayores fuera de esa relación que dentro.

Muchas personas temen romper la relación y arrepentirse después por pensar que sí tenía arreglo, algo que en verdad suele pasar muy pocas veces, pero hay que darse cuenta de que estas personas, en general, cuando rompen la relación, una vez que ya se han recuperado y han hecho un duelo óptimo, se dan cuenta con claridad de que lo último que harían es regresar con esa persona, a ese sufrimiento. En cuanto nos recuperamos por completo de una ruptura, cuando hacemos un duelo completo y efectivo, lo último que deseamos es regresar a una relación tóxica. Aunque por supuesto hay que recorrer el camino hasta este punto, no podemos evitar enfrentarnos a una realidad ineludible: la ruptura y el duelo consecuente.

LOS COMPORTAMIENTOS NARCISISTAS

Quiero dejar claro que voy a hablar de conductas narcisistas, no de personas narcisistas. Me referiré a comportamientos concretos, no a individuos con rasgos narcisistas y mucho menos a personas con trastorno de personalidad narcisista.

Hay ciertos comportamientos egocéntricos que suelen darse en las relaciones de pareja sin tener en cuenta el daño que hacen al otro. Acostumbran a producirse debido a la falta de autoestima, que se ha visto dañada por una circunstancia de la relación y se trata de compensar lastimando al otro.

Esta es una típica conducta narcisista: en un conflicto, uno de los dos siente atacada su autoestima y trata de compensarlo elevándose por encima del otro para evitar conectar con sus complejos o sentirse egoísta o malvado, para no reconocer un error o simplemente porque no quiere ser la parte débil de la relación. Tratará no solo de tener razón, como decíamos más arriba, sino de sentir que es mejor que el otro, y para ello necesita rebajarlo, que se sienta inferior.

Hay muchas personas que no son narcisistas, pero se comportan de esta manera puntualmente. Por eso digo que tenemos que juzgar el comportamiento, no a la persona. Una personalidad narcisista no se puede cambiar, pero un comportamiento sí. Este tipo de conductas provocan sufrimiento y no se pueden consentir.

Superioridad: Los comportamientos narcisistas crean una asimetría en la relación. En un conflicto, uno de los dos cree saber más que el otro, e incluso le dice cómo debería hablar y comportarse. Es el otro el que está equivocado, el que todo lo hace mal, y además debe asumir su inferioridad. Estos comportamientos destruyen a la otra persona y a la relación.

Castigo: Otro comportamiento narcisista es castigar al otro porque ha hecho algo que le ha molestado. En una relación sana ninguno debería tener el poder de castigar al otro. Un castigo puede tener forma de ofensa, desprecio, ausencia, silencio o cualquier forma de hacer sentir mal al otro. El castigo implica la creencia de tener derechos sobre el otro, y esto es un comportamiento narcisista.

Posesividad: Cuando una persona le dice a la otra lo que tiene que hacer, cómo se debe vestir, con quién puede ir, cómo debe hablar y comportarse, etc., actúa como si su pareja fuera de su propiedad. De nuevo, uno cree tener derechos sobre el otro o que este tiene la obligación de complacerle. Los rasgos narcisistas expresan una exigencia de amor incondicional, pero no tienen en cuenta a la otra persona, solamente el beneficio propio. Una relación de pareja sana es de igual a igual, simétrica, equilibrada y caracterizada por la compensación mutua. Nadie está obligado a hacer feliz al otro por encima de su propia felicidad. Derechos y obligaciones deben ser iguales para los dos.

Luz de gas (*gaslighting*): A fin de obtener el poder en la relación, uno de los dos trata de manipular y convencer al otro de que no vale, no lo hace bien, no se da cuenta de que es un desastre, no está bien mentalmente, todo es culpa suya, tiene una percepción equivocada, le necesita y le tiene que agradecer lo que hace, porque lo hace por su bien, aunque al otro le duela, aunque le humille. Trata de anular a su pareja para conseguir tener control sobre ella. Este es otro ejemplo claro de comportamiento narcisista y es de los más destructivos.

Victimismo: A veces sucede lo contrario a lo anterior. Uno de los dos empieza a hacerse la víctima, a culpar al otro de su sufrimiento, de que no le dedicas suficiente atención y no le da importancia. La mayoría de las veces se trata de una reclamación exagerada, una demanda absoluta, como si el otro tuviera la obligación de dejarlo todo por él, hacerle feliz a cualquier precio, incluso a costa de su propia felicidad, sin tener en cuenta lo que el otro necesita. «Si no lo das todo estás fallando, es tu obligación entregarte en nombre de la relación». Donde hay una víctima hay un verdugo, y así culpabiliza al otro para conseguir lo que quiere: que te esfuerces en reparar el supuesto daño sin derecho a pedir nada para ti.

Aprender a identificar los comportamientos narcisistas es importante para ambos, porque a veces ninguno de los dos se da cuenta de que son víctimas de esta dinámica. Caemos en la trampa del narcisismo sin ser conscientes de ello a fin de seguir en la relación sin solucionar el verdadero problema, normalizando situaciones que rozan lo neurótico y hunden a los dos en una relación enfermiza.

En ocasiones, ambos se dan cuenta de que han caído en esta trampa narcisista, pero no ven la manera de salir de ella, como si vivieran en una obra de teatro en la que cada uno representa su papel y ni siquiera recuerdan quiénes eran antes de conocerse.

La víctima del narcisista puede acabar convencida de que se merece lo que le está sucediendo, de que su pareja está muy por encima de ella y no la quiere perder, de que todo lo que le dice es verdad y lo dice por su bien. Y el narcisista, por supuesto, está convencido de ser mejor que el otro y no podría soportar la verdad, que utiliza a su pareja para sentirse grande en un intento de olvidar lo insignificante que es en realidad.

EQUILIBRIO DE PODER

Cuando alguien tiene un comportamiento narcisista se lo tenemos que hacer ver, recordándole que la base de una relación sana es el equilibrio. Cuando el otro demanda algo puedes complacerle y ayudarle, pero debe ser consciente de que él también tendrá que estar ahí cuando tú lo necesites. Hay que preservar el equilibrio para no pervertir la relación por asumir algo que no nos corresponde, porque si lo hacemos, aunque creamos que es para que la otra persona nos quiera y nos valore, la relación no se va a sostener en el tiempo.

Hacemos estas cosas por miedo a que nos dejen y a quedarnos solos y justamente eso es lo que conseguimos. Al final la relación se rompe porque no funciona. O aún peor, no se rompe, el sufrimiento se perpetúa y el sentimiento de soledad se instala en la relación. El miedo a la soledad nos traiciona.

SEÑALES DE ALARMA: CUÁNDO HAY QUE ABANDONAR UNA RELACIÓN PORQUE TU SALUD O TU VIDA ESTÁN EN PELIGRO

Deberíamos prestar mucha atención a las señales de alarma que nos avisan de que estamos en una relación destructiva, a veces de forma peligrosa, porque puede acabar en juego nuestra salud, no solo psicológica. También podemos acabar somatizando los conflictos en forma de enfermedades, sin ser conscientes de que están originadas por problemas emocionales serios. Algunas de estas señales pueden ser:

— Cuando tienes miedo de decir o de pedir algo y prefieres callarte.
— Cuando tienes miedo de tu pareja y tratas de complacerla para que no se enoje y cargue contra ti.

- Cuando los insultos, los desprecios y las ofensas son habituales.
- Cuando te están prohibiendo u obligando a hacer cosas en contra de tu voluntad.
- Cuando la relación te provoca tanta ansiedad que no puedes hacer una vida normal.
- Cuando las cosas van muy mal y tu pareja no quiere hacer ningún cambio ni buscar ayuda.
- Cuando tu pareja ataca tu autoestima con frecuencia, de manera directa o mediante algún tipo de manipulación.
- Cuando tu pareja se hace la víctima constantemente y comienzas a sentir un exceso de culpabilidad sin haber hecho nada realmente.
- Cuando recibes chantajes o amenazas si no le complaces.
- Cuando las mentiras y los engaños se convierten en algo habitual.
- Cuando te das cuenta de que solo tú estás dando en la relación.
- Cuando todo tu entorno te lo dice. Las personas que te quieren se preocupan por verte sufrir en la relación.
- Cuando llevas demasiado tiempo sin reír, sin disfrutar, sin ser feliz. Y, sobre todo, si esto está empeorando y no hay muestras de mejora.
- Cuando sientes que has perdido todas las fuerzas, que no tienes ilusión, que la tristeza y la depresión se han instalado en tu vida.

Tenemos que tomarnos todas estas señales seriamente. No esperar a que sea demasiado tarde. Cuando las detectemos debemos reaccionar, tratar de poner remedio o salir de la relación sin dudarlo. Es tristemente frecuente que el miedo a enfrentarnos a ellas alargue el problema y nuestra autoestima se vea tan dañada que ya no seamos capaces de salir de ahí. Estas situaciones comportan un desgaste emocional tan grande que nos puede consumir energéticamente hasta el punto de perder el control de nuestra vida y, lo peor, caer en manos de una persona con rasgos narcisistas o psicopáticos como el que acaba en prisionero de un tirano.

Además, nuestro sistema inmunológico se va deteriorando, nuestra salud empeora y nuestra percepción de autonomía también. Muchas enfermedades autoinmunes se manifiestan a partir de problemas emocionales. Muchas personas acaban así, en una relación tóxica, deprimidas, con ansiedad patológica y enfermas. Y cuanto más tardemos en reaccionar, mucho más difícil será salir de ahí, incluso con ayuda profesional.

TERCERA PARTE

EL AMOR, LAS RELACIONES Y EL APEGO

24

RUPTURA Y DUELO

Por lo general, las relaciones se rompen tras la decisión de uno u otro miembro de la pareja. Evidentemente, que te dejen a ti acostumbra a ser muy doloroso. Algunas veces puede ser algo que se veía venir, pero otras pueden ser por sorpresa, lo que lo hace más traumático. En ocasiones la persona que rompe lo hace porque la otra ha cometido una infidelidad o porque ha hecho algo imperdonable desde su punto de vista, pero le duele de la misma manera. Otras veces la ruptura se produce porque ya no se siente lo mismo, porque el amor o la atracción hacia esa persona ha dejado de existir o porque la relación era tóxica y uno de los dos miembros decide no seguir sufriendo. Pero no es nada fácil; al contrario, es muy doloroso.

Cuando uno de los miembros de la pareja llega al punto en que decide que tiene que romper, no puede evitar sumirse en un mar de dudas: si merece la pena dejar la relación o no, si lo que haya pasado lo justifica realmente, si lo ha intentado todo o no, si todavía hay amor, si sería capaz de perdonar o si se arrepentirá después...

Puede haber muchas razones diferentes por las que llegar a romper una relación, pero lo más probable es que, si se ha llegado hasta ahí es porque hay razones suficientes, porque han pasado cosas que no pueden continuar pasando, porque ya se ha intentado todo o porque no quedan razones para seguir, como cuando el amor se acaba o uno descubre que la otra persona no es como creía. Normalmente nadie rompe una relación sin motivo. Incluso cuando la ruptura responde a una reacción puntual de ira o enfado, es porque algo no iba bien.

Las razones por las que nos cuesta tanto romper pueden estar relacionadas con las dudas, con el compromiso, con tener hijos en común o con motivos religiosos o económicos, pero en la mayoría de casos tienen que ver con el miedo a la soledad. Cuando llegamos a ese punto, no pesa tanto el miedo a perder a la otra persona como a quedarnos solos. Posiblemente, si nos estamos planteando romper es porque el otro ya no es tan valioso para nosotros como lo fue al principio, e incluso puede ser todo lo contrario.

EL MIEDO A LA SOLEDAD

Enfrentarse a la soledad, a una vida sin pareja, a no encontrar a otra persona que te quiera y a quien quieras, puede suponer un miedo atroz. Más aún si te han dejado, si piensas que, aunque encuentres a alguien, te pueden volver a dejar porque hay algo defectuoso en ti.

Aquí, por lo tanto, tenemos un problema de dependencia emocional. No estoy hablando de dependencia hacia el otro, aunque algunas veces sí puede ser así, sino dependencia hacia el vínculo establecido. Aunque el vínculo ya estuviera roto o seriamente deteriorado, lo cierto es que hasta ese momento era la persona que debía satisfacer nuestra necesidad de apego, era la persona con la que sentíamos que teníamos a alguien con nosotros y nos proporcionaba la sensación de no estar solos, o de que no íbamos a estarlo. Pero lo importante aquí es comprender que, aunque las cosas ya no fueran bien, aunque el otro no fuera una persona positiva para nosotros, lo que provocó la dependencia fue el vínculo emocional, no esa persona. Por esto, aunque rompamos y comprendamos racionalmente que era lo mejor que podía pasar, nos sentimos terriblemente mal y volveríamos con ella inmediatamente.

Otro sentimiento común tras una ruptura es el de haber perdido a alguien importante para nosotros. Es algo muy frecuente entre mis pacientes. Cuando vienen a terapia y reflexionan sobre el hecho de que tenían una relación en la que habían sufrido mucho y habían pasado cosas desagradables, cuando por fin descubren que tienen que romper, que hay motivos más que suficientes para tomar esa decisión y que es lo mejor para ellos, se encuentran ante la paradoja de vivirlo como una pérdida dolorosa en vez de una ganancia, la de terminar con el sufrimiento y recuperar su vida y su felicidad.

> *Una relación de pareja no debería ser una inversión.*

Otras veces la sensación de pérdida es debida al tiempo invertido en la relación. Pero una relación de pareja no debería ser una inversión. Desde el momento que la relación se rompe, el tiempo dedicado a insistir en arreglar lo que no tiene arreglo o en negarlo es un tiempo perdido. Rota la relación, dejas de perder el tiempo.

Comprender que una ruptura es, la mayoría de las veces, una ganancia es lo que más nos cuesta asimilar. La dependencia emocional provoca un conflicto entre la razón y la emoción. La razón nos dice que hacemos lo correcto, que no podíamos hacer otra cosa y que, en el caso de que nos hayan dejado a nosotros, tampoco nos conviene volver con quien ya no nos quiere. En definitiva, que es lo mejor para nosotros, como seguramente nos dicen las personas que nos quieren. En cambio, la emoción nos dice que aún sentimos algo por esa persona, que la queremos y que no la queremos perder, que deberíamos intentar volver a cualquier precio.

EMOCIÓN CONTRA RAZÓN

Es en este momento cuando aparecen esos debates internos en forma de pensamientos obsesivos e intrusivos, que en realidad corresponden a la emoción tratando de convencer a la razón. Esos diálogos internos llenos de dudas, de culpa, que buscan explicaciones: ¿Hice todo lo posible? ¿Me equivoqué? ¿Qué hubiera pasado si me hubiera comportado de otro modo? ¿Cómo podría recuperar a la otra persona? Nos preguntamos si deberíamos llamar o escribir, si es mejor esperar un tiempo, si cambiará, si nos echa de menos, si nos llamará, etc. Todo esto es, ni más ni menos, la resistencia a perder el vínculo de apego. Nuestro aparato emocional apunta a la otra persona como apuntamos a un objetivo vital. Necesitamos volver a sentir esa emoción perdida. Conforme pasan las horas y los días se va haciendo más difícil, más insoportable, la ansiedad nos invade hasta sentirla como un dolor insuperable, pero todo ello es, en realidad, la dinámica de un síndrome de abstinencia.

Dicho esto, debemos reconocer que, a nivel emocional, efectivamente se produce una pérdida y como tal requiere una recuperación. Esta recuperación es lo que llamamos un proceso de duelo. Nuestra vida va a cambiar, nuestra estructura psicológica debe adaptarse y esto requiere un tiempo, lo mismo que superar un síndrome de abstinencia. Pocas personas se libran de pasar una etapa de sufrimiento después de una ruptura. Unas veces dura unas semanas, otras duran varios meses o un año, en ocasiones, lamentablemente, dura mucho más. Este proceso va a depender de muchos factores: de cómo es la persona, de cómo se produjo la ruptura, de cómo fue la relación, de cuánto duró y, sobre todo, del trabajo personal que se realice para superarlo.

LAS FASES DEL DUELO

Para estar preparados y transitar el duelo lo mejor posible, debemos saber que este proceso pasa por diferentes etapas.

La primera, evidentemente, es encajar la ruptura, reconocer que es real. Esto no es fácil. Una mañana nos despertamos y nos damos cuenta de que esa persona que ha estado ahí durante mucho tiempo, ya no está. Lo sabemos, pero no nos lo acabamos de creer. Sabemos que ya no hay relación, pero el vínculo se siente igual que el día anterior. Seguimos sintiendo la conexión emocional, como si nada hubiera cambiado.

Emocionalmente es como si todavía estuvieras con tu pareja, pero mentalmente has roto. Este es el primer paso del proceso y se requiere un tiempo para reestructurar esa realidad, para gestionar la emoción mentalmente como si fuera un proceso de recreación interna en el que te tienes que decir a ti mismo que todo va a ir bien, y establecer un diálogo positivo contigo mismo, recordándote que la ruptura ha sido lo mejor que podía pasar. También puedes tener este diálogo con personas que están ahí para ti, que te quieren, como amigos y familiares que te van a decir lo mismo. Por lo tanto, es necesario realizar este proceso de integración para acostumbrarnos a la nueva realidad.

A continuación llega la rabia, la fase más difícil, porque la necesidad de apego nos impulsa a tratar de recuperar el vínculo, pero no sabemos qué hacer, a quién culpar, a quién castigar. En esta fase sufrimos un proceso de enfado y dolor que nos provoca pensamientos obsesivos, recuerdos de conflicto buscando a un culpable por lo que nos hizo la otra persona, por qué lo hizo, por qué no nos lo dijo, por qué nos callamos o por qué no nos callamos... La rabia nos dice que nada de esto debería haber pasado, representa la frustración y la incapacidad de aceptar lo sucedido o su negación. Nuestra rabia tratará de restaurar el daño, a veces en forma de deseo de destruir a la otra persona, otras veces dirigiéndose hacia uno mismo o a tratar de convencernos que las cosas no pueden acabar así, que tenemos que recuperar la relación.

Si en estos momentos pudiéramos pensar con claridad, la gran mayoría de las veces veríamos que no nos conviene recuperar esa relación. En otras ocasiones simplemente no hay ninguna posibilidad. Pero la frustración provoca ansiedad, y esta nos obliga a pensar en una sola cosa: este dolor se tiene que acabar. Pero el dolor solo se acabará cuando superemos la ruptura. Debemos tener presentes los motivos por los que hemos roto para no olvidar que el problema estaba en la relación y la solución en la ruptura. Y, si no lo conseguimos, buscar ayuda, pedir apoyo a las personas que nos quieren o acudir a un terapeuta, como hacemos cuando tenemos cualquier otro tipo de problema.

Finalmente, llega la fase de la aceptación. Cuando nos damos cuenta de que la ruptura es real, que no vamos a volver, entramos en la etapa de tristeza o depresión. La aparición de la tristeza es señal de que el proceso de duelo está avanzando. La rabia ha dado paso a la aceptación de que las cosas son como son, de que no podían ser de otra manera, de que debemos amoldarnos a la nueva situación y a que la otra persona ya no está. La tristeza es el mecanismo que sirve para interiorizar lo sucedido, aceptarlo y dejar de luchar.

Esta emoción cumple la función de reflexión interna para reorientarnos, para entendernos y conocernos mejor a nosotros mismos, y concluir que debemos hacernos cargo de nuestro futuro, que debemos cuidar de nosotros mismos. La tristeza y la aceptación conscientes son los sentimientos que cierran el proceso duelo. A continuación, empieza la reconstrucción, un reinventarse, un crecimiento basado en la transformación.

Si realizamos correctamente el proceso de duelo, pasando por todas las fases, y llegamos al punto de aceptación, nos daremos cuenta de que en realidad una ruptura no es una pérdida, sino una ganancia. La ruptura de una relación de pareja que no funciona, en la que había sufrimiento, es en realidad una liberación y una oportunidad, porque el duelo es también un proceso de aprendizaje basado en la experiencia que nos ayuda a incorporar esta vivencia en forma de enseñanza. También nos enseña que debemos aprender a no necesitar una pareja, pasando un tiempo sin pareja para superar la dependencia emocional, un aprendizaje que se basa en la oportunidad que ahora tenemos gracias a lo que ha sucedido. Nos empuja a trabajar para tener una buena autonomía emocional y una buena autoestima, y para ser capaces de crear nuevos vínculos más saludables, que también pueden ser de pareja. También es una oportunidad para crear una nueva relación sana desde un apego seguro.

Cuando has superado el duelo y has aprendido de la experiencia, sientes un crecimiento personal, una buena autoestima, te sientes capaz y merecedor de tener una vida satisfactoria, con o sin pareja. Recordarás la ruptura como algo doloroso, pero también como una liberación. Al romper una relación, vivimos la ruptura como el fin, pero no es el fin, es el principio de una nueva relación con uno mismo, de un cambio de vida, de una nueva relación de pareja más sana, gracias a lo aprendido. Al fin y al cabo, es lo que queremos conseguir todos. A veces hay que pasar y sufrir un proceso de duelo para llegar hasta aquí. ¿Qué pasaría si te quedaras toda la vida en una relación donde estás sufriendo por no pasar un duelo doloroso? Lo que te podrías perder es bastante valioso. Te perderías una mejor versión de ti mismo, con muchas más probabilidades de conseguir una relación de pareja feliz y estable. Y, mientras esa relación llega, o aunque no llegue, vivir una vida plena y satisfactoria. Porque, ¿realmente necesitamos vivir en pareja?

25

LA NECESIDAD DE TENER PAREJA

El apego es una necesidad con la que uno nace, un impulso que necesitamos satisfacer para sentirnos seguros emocionalmente. En consecuencia, nos podemos preguntar si para sentirnos bien en la vida, satisfechos y completos ¿necesitamos tener pareja? Esto es algo que todos nos planteamos alguna vez, más aún cuando vivimos relaciones que no funcionan o cuando hemos roto después de haber sufrido.

Puede parecer una trampa sin salida: ¿Cuántas veces estamos en una relación en la que las cosas no van bien, pero sentimos que si rompemos no seremos felices? ¿Cuántas veces pensamos que, si no encontramos pareja, nunca estaremos bien, que siempre nos faltará algo? Entonces empezamos una nueva relación y, al cabo de un tiempo, tampoco estamos bien... Se diría que la necesidad de tener pareja es una condena de la que pocas personas se libran.

Todos en algún momento de la vida nos planteamos esta cuestión. Cuando las cosas no van bien o no van tan bien como esperábamos, nos planteamos si podríamos estar mejor sin pareja. Pero la conclusión suele ser que no. La mayoría de las personas afirman no ser felices si no tienen pareja. Sienten que les falta algo, que desean tener un compañero. Otras personas dicen que no es así, que están mejor solos, pero muchas veces detrás de esto se esconde una resignación, porque no les ha ido bien o creen que no les va a ir bien y se tratan de convencer de que se está mejor sin pareja. Pero la sombra de que tener pareja es una necesidad siempre está ahí, ya sea porque así lo sentimos, porque creemos que es lo que esperan los demás de nosotros o porque si no es así nos sentimos solos y fracasados.

Es una cuestión importante que realmente no tiene una respuesta clara, pero hay que entender que, desde el apego, necesitamos crear vínculos. Buscamos vínculos que nos den seguridad, sentir que no estamos solos, pero la necesidad de apego no está orientada necesariamente a tener pareja, sino a conectar con los demás, no con una sola persona exclusivamente. ¿Cuántas parejas carecen de un vínculo seguro y continúan con su pareja por otras razones? Los hijos, la economía, la costumbre... Y, en realidad, la mayoría de los vínculos seguros se forman con compañeros de trabajo, amigos y familiares. Con ellos no nos sentimos solos, estamos bien, emocionalmente hablando.

En conclusión, no necesitamos tener pareja, sino establecer vínculos emocionales que nos proporcionen conexión. ¿Existe alguien que te dé esa seguridad emocional, esa conexión que necesitas, que no sea tu pareja? Evidentemente que sí. Una persona que no sea tu pareja también puede ser un vínculo seguro: una madre, un padre, un buen amigo... Hay muchas personas en el mundo, y es un error buscar solo una para establecer una conexión emocional. No tenemos que hacerlo con una sola persona. La mayoría de la gente que tiene buenos vínculos afectivos, buenas amistades profundas, tengan o no pareja, no dependen de ello. Esto no quiere decir que no deseen tenerla, pero para ellos no es una necesidad vital porque ya cuentan con vínculos emocionales importantes.

> *La razón para tener pareja no debería
> ser nunca la necesidad.*

EL MIEDO AL FRACASO

En el período de enamoramiento se produce un cóctel químico en tu cerebro que te anestesia, te tranquiliza y, lo peor, confirma tu creencia de que el ideal romántico existe, que lo has conseguido, que tu vida es mejor que nunca y que si pierdes a esa persona nada tendrá sentido, nunca estarás bien. Tenemos que quedarnos ahí. Ese es el cometido del enamoramiento, engancharnos a una persona hasta que surja el apego, la unión sentimental y de ahí el compromiso. Ese es el recorrido natural, pero no siempre sucede así. A veces se acaba el enamoramiento y no queda nada más que eso, un enganche. Por eso sentimos la necesidad de tener pareja.

Y si a esto le añadimos el deseo de formar una familia, de formar parte de una sociedad donde es un mandato tener pareja, casarse, etc., tenemos pocas dudas, necesitamos encontrar un compañero. Entonces ¿no somos libres de decidir? ¿No podemos ser felices sin pareja?

Sí, podemos, muchas personas lo son. Pero esto no significa que debamos renunciar a nuestros deseos cuando las cosas se ponen difíciles.

Volvemos a empezar: nos enamoramos, todo suele ir bien durante un tiempo, semanas, meses, pero mientras tanto se han de ir formando y reforzando los vínculos de apego, que la relación avance y se refuerce el compromiso.

Entonces descubrimos que el problema está en los estilos de apego. Si las dos personas tienen necesidades de apego diferentes, uno de ellos va a sentir una carencia y una carga por tener que asumir esa responsabilidad que se le ha adjudicado. En cierta medida, nos encontramos ante una situación típica: la relación entre una persona con apego evitativo y otra con apego ansioso-ambivalente, en alguno de sus grados. El problema reside en las necesidades de apego no cubiertas, y la solución en la capacidad de gestionarlas.

Un vínculo de apego cubre, en su origen, una necesidad de supervivencia. Pero ese vínculo no tiene que ser necesariamente de pareja, ya que para tener descendencia y establecer vínculos no forzosamente necesitamos formar una relación de pareja. Sin embargo, culturalmente estamos programados así, porque la mayoría de las sociedades nos dicen que tenemos que casarnos o tener pareja estable para tener hijos, formar una familia, educar a esos hijos y cuidar de ellos durante el tiempo que necesiten hasta ser independientes. No obstante, esto también está cambiando, puesto que cada vez son más las personas que tienen familia y no tienen pareja o tienen múltiples parejas a lo largo de la vida. Hoy en día son muchas las mujeres que deciden ser madres sin tener pareja, porque saben que pueden formar una familia ellas solas. Se está rompiendo el mandato de tener pareja, familia, hijos... Es una opción, pero no tiene por qué ser una obligación. Podemos tener hijos sin pareja y podemos tener pareja sin tener hijos. También podemos no tener ni pareja ni hijos y ser felices. Una pareja no nos garantiza absolutamente nada, por lo menos en los tiempos que vivimos.

LA NECESIDAD SEXUAL

No hay que olvidar que en la necesidad de tener pareja hay un componente añadido: la necesidad sexual. En pareja se supone que podemos disfrutar de una intimidad más intensa al conectar sexualmente con el otro, por lo menos cuando las cosas van suficientemente bien. Esa conexión sexual además aporta, aunque no siempre, afecto en forma de caricias, abrazos, besos, etc. Esto sí que puede reforzar la creencia de que necesitamos tener pareja. Aunque muchas personas satisfacen sus necesidades sexuales sin tener una pareja sentimental, difícilmente sea lo mismo. Con pareja disfrutas de sexo estable y seguro, y con el tiempo puedes desarrollar unas relaciones de más calidad, siempre que se trate de una relación sana. Pero, a la hora de la verdad, en la mayoría de ocasiones, ni siquiera las relaciones sexuales garantizan que una relación de pareja funcione, porque en cuanto las cosas van mal lo primero que sufre es el sexo. Son muchas las personas que llevan muchos años en una relación y tienen una sexualidad pobre, escasa y a veces nula. A veces, ni siquiera es agradable, lo que puede llevar a buscar buen sexo fuera de la relación. Así que ni siquiera las necesidades sexuales implican una necesidad clara de tener pareja.

Es posible que la creencia de que necesitamos estar en pareja sea un error. Sin embargo, es algo que muchas personas sienten y, paradójicamente, esa creencia es lo que perjudica en mayor medida la relación. Esa necesidad nos lleva a sentir un vacío si no tenemos pareja, un vacío que no nos permite ser felices del todo, que no nos deja estar satisfechos con nuestra vida, aunque nos vayan bien las cosas, es un vacío que uno no sabe cómo llenar.

Sin embargo, ese vacío no se llena por tener pareja, puesto que antes o después lo sienten la mayoría de las personas que están en pareja. Es probable que, al principio de la relación, ese vacío se sienta satisfecho y poco tiempo después aparezca. También hay un hecho que debemos observar, y es que hay muchas personas que no tienen una relación de pareja y no sienten ese vacío, porque tienen colmadas sus necesidades emocionales con otras personas.

Así que el vacío se puede sentir del mismo modo, tanto con pareja como sin ella. Para tener una vida plena todos tenemos que conseguir satisfacer ese vacío, no adjudicarlo a no tener pareja. El vacío emocional es exclusivamente de la persona que lo siente y es su responsabilidad gestionarlo y, si puede ser, antes de entrar en una relación de pareja.

En conclusión, ¿necesitamos tener pareja o no? ¿La vida es mejor en pareja o se puede estar satisfecho emocional y vitalmente sin pareja? Lo cierto es que, demos la respuesta que demos a esta pregunta y pensemos lo que pensemos, es la ansiedad resultante de la dependencia o la carencia emocional la que nos acaba haciendo creer que sí, que solamente en pareja estaremos tranquilos y satisfechos. Confundimos ansiedad con amor.

26

ADICCIÓN

Confundir ansiedad con amor es altamente destructivo. Además, esta confusión se refuerza, sobre todo, tras una reconciliación. Se termina la relación, aparece la ansiedad (miedo a perder al otro), piensas que necesitas a esa persona (necesitas calmar tu ansiedad), no soportas estar sin él o ella (la ansiedad se hace cada vez más insoportable), sufres (aunque la relación ya era un sufrimiento para ti o para los dos), pero concluyes que tu malestar se debe al amor que sientes por la otra persona, que todavía la quieres y no te habías dado cuenta y haces todo lo posible por volver con ella. Se trata de una perversa ecuación que impide que te liberes: la ansiedad aparece cuando extrañas al otro y se calma cuando vuelves con él, así que llegas a la conclusión de que le amas.

Durante la reconciliación, la ansiedad se calma y a tu pareja le sucede exactamente lo mismo. El regocijo y la sensación de felicidad es la confirmación de que hay amor, incluso más que antes. Todo parece muy romántico.

Esta ecuación perversa conduce a menudo a dinámicas que justifican comportamientos negativos como si fueran aceptables, y a defenderlos como tales. Existen miles de ejemplos en canciones y películas que hablan del amor y la ansiedad como sinónimos, del sufrimiento amoroso como algo romántico. A menudo se sufre ansiedad por cosas sencillas: tu pareja llega tarde; le envías un mensaje y no te contesta; tenéis un problema y quieres hablar con él; sientes celos... Todo esto suele llevar a la conclusión de que tú quieres más a tu pareja que ella a ti, que no te presta atención, que no te trata bien, lo cual te conduce a discutir con ella, reclamar su atención y enfadarte. Los conflictos se multiplican y la ansiedad aumenta. Cuando todo se arregla, se olvida y se calma la ansiedad, todo vuelve a estar bien. Pero esto no es amor.

Si comparamos este comportamiento con el que tienen las personas que sufren adicciones, nos será más difícil identificar estas reacciones como sentimientos amorosos. Sería como si a una persona alcohólica con síndrome de abstinencia (y, tanto, ansiedad) le dieran una botella de whisky, se la bebiera, sintiendo un placer inmenso, y esto le llevara a pensar que el alcohol es algo bueno y deseable y que siente amor hacia él. Parece una comparación ridícula, pero sospechosamente tiene los mismos elementos que una relación tóxica: una relación autodestructiva (con la botella) que en sus inicios era perfecta (placer, interacción social, autopercepción positiva, optimismo, etc.).

Una relación adictiva funciona de la siguiente manera:

— Te sientes inseguro.
— Necesitas a tu pareja (la dosis).
— Aparece la ansiedad.
— Tu pareja te atiende y calma tu necesidad, reforzando la adicción.
— Tu pareja vuelve a ignorarte o a tratarte mal.
— Vuelves sentir ansiedad, incluso más que antes, porque se ha reforzado tu adicción.

Cada vez que tu pareja vuelve para calmar tu ansiedad te vuelves más adicto, y esto no tiene nada que ver con el amor ni con una relación sana. Cuanto más me calma mi pareja más pienso que la quiero, porque lo que siento es muy intenso. Pero esto no es amor, sino dependencia emocional.

DEPENDENCIA EMOCIONAL

La dependencia emocional en sí misma no es mala ni buena, es algo inevitable. En el caso de las relaciones de pareja, quiere decir que nuestras emociones están vinculadas a otra persona. Esto, en sí mismo, es algo natural. Nuestro aparato emocional está diseñado para conectar con otras personas, crear vínculos, formar parte de un grupo, tener una pareja sentimental, crear una familia. El ser humano es un animal social que necesita de otros seres humanos, por eso nos sentimos bien cuando tenemos pareja.

Teniendo en cuenta esto, es inevitable que en una relación de pareja que va bien, exista cierta dependencia emocional, una relación en la que sabes que puedes contar con el otro si te sientes mal, si necesitas apoyo o consuelo, y que si la pierdes dejas de sentirte bien. Es natural y lógico. Todo vínculo emocional conlleva cierta dependencia simplemente porque crear vínculos es una necesidad para nosotros.

Entonces, ¿por qué hablamos de la dependencia emocional como algo que hay que evitar y que hace tanto daño? El problema surge cuando dependes emocionalmente de alguien que no cuida de ti, que no te atiende cuando lo necesitas, que no te hace sentir seguro. La necesidad de apego responde a la supervivencia; depender de alguien a quien no le importas provoca inseguridad e inestabilidad.

Cuando dejas de sentirte bien, cuando la relación te hace sufrir porque el otro te trata mal, porque no hay comunicación, los conflictos se acumulan y sientes que ya no te quiere, la dependencia emocional se convierte en un callejón sin salida. Cuando estás sufriendo en la relación y continúas ahí a pesar de que nada cambia, la dependencia ya no es cuestión de no querer perder algo bueno, como decía más arriba, sino esperar que llegue algo bueno. Es entonces cuando tratamos de hacer cualquier cosa para recuperar la relación, incluso sacrificando nuestra propia felicidad, dejando de preocuparnos por nosotros, con un único objetivo: que la otra persona nos quiera y nos atienda. No podemos estar bien si el otro no nos hace sentir bien, si no nos quiere. En esto consiste la dependencia emocional. Volvemos a ver la misma dinámica del síndrome de abstinencia, lo que vulgarmente llamamos «enganche». Nos podemos enganchar a una persona de la misma manera que a una droga y, la mayoría de veces, necesitamos ayuda para salir. Cuando llegamos a ese punto y no nos vamos, seguimos sufriendo, humillándonos, esperando y suplicando.

Por lo tanto, deberíamos diferenciar si estamos con nuestra pareja porque la relación nos hace sentir bien o si estamos con ella a pesar de que las cosas van mal y la relación es una fuente de sufrimiento para nosotros.

Todo esto puede parecer extraño, por lo menos para quienes no han caído ahí, pero es algo más frecuente de lo que pensamos, incluso a veces estamos dentro y no nos damos cuenta. Por ejemplo:

> Ella lleva con él más de veinte años, pero nunca siente que él tenga ganas de estar con ella. Cuando le propone hacer algo, él se niega, nunca le apetece, pero sí quiere que ella esté ahí, cuidando de la casa, haciendo la comida, la compra, la colada, etc. Los dos trabajan, pero él se gasta el dinero en bebida. Cuando llega a casa se sienta en el sofá a ver la televisión con su bebida y algún snack, mientras ella se encarga de todo.
>
> Ella se queja, sí, pero él simplemente no le contesta. Cuando ella pierde el control la acusa de dramática, de que no se puede estar tranquilo, le dice que si ella no fuera así, si no le

agobiara tanto él estaría más por ella, que si bebe tanto es para soportar la situación. Así que ella se siente culpable, sabe que es cierto, que pierde el control, que se queja mucho, que él solo quiere estar tranquilo y ella no lo deja, que es normal que él no quiera pasar más tiempo con ella, que no sea cariñoso, que no le hable bien.

Entonces ella trata de calmarse, trata de ser más agradable, esperando que la relación se convierta en aquello que fue hace veinte años, cuando él era tan bueno. Siente que si le deja tranquilo él volverá a ser como antes. Pero eso nunca llega. Él no cambia. En su esfuerzo por mejorar las cosas sin resultados, ella acaba perdiendo el control otra vez, se queja, dramatiza y se vuelve a sentir culpable. Pero como está convencida de que él puede volver a ser como antes, nunca deja de intentarlo.

Otras veces puede ser mucho peor:

Ella es una mujer muy intensa. Se enamoró de él hace dos años y él de ella. A menudo ella le reprocha que no le da lo suficiente, que no se lo cuenta todo, que siempre está con sus amigos, que por la noche está cansado. Las relaciones sexuales son muy apasionadas. Esto a él le hace sentir cosas que no había sentido nunca y, aunque ella tiene un carácter fuerte y difícil, siempre se reconcilian. Sí, ella lo trata mal, con desprecio, algunas veces, pero luego lo olvida y le dice que le quiere. Es muy cariñosa, muy afectuosa y hay mucho sexo.

Pero ella también es muy desconfiada, celosa. Le ataca si él mira a otra, si no sabe con quién ha estado o con quién ha hablado. Entonces le acusa, le insulta, incluso alguna vez le ha pegado. Otras veces le amenaza con dejarlo, incluso le ha engañado tres veces con otro hombre, por despecho, durante esos enfados. Le culpa de todo, hasta de haber tenido que engañarle. Él no quiere perderla, dice que cambiará y ella se queda satisfecha. Hacen las paces y la pasión regresa con más fuerzas. El afecto, el cariño y el sexo se acaban alternando con las peleas.

Él sabe que es una relación muy tóxica, que no funciona, pero no quiere romper. Siente que nunca volvería a sentir por nadie lo que siente por ella. Cree que en el fondo se quieren mucho, que por eso ella es tan pasional y que por eso se enfada. Piensa que, si se esfuerzan, esa intensidad y pasión, que ambos interpretan como amor, podrá con todo y tendrán una relación sublime, porque son almas gemelas, porque se aman tanto que no puede ser de otra manera. ¿Cómo la va a dejar escapar?

Es natural creer que las cosas se pueden arreglar, aunque solo sea porque lo deseamos. El problema es que, la mayoría de las veces, cuando una persona está dentro de una relación tóxica, no es capaz de determinar cuándo se puede solucionar el problema o cuándo no. Entonces, cuando las cosas no están tan claras: ¿Cómo diferenciamos si la relación tiene solución? ¿Cómo podemos resolver los conflictos?

Nada se puede resolver si la ansiedad y la dependencia emocional no permiten que exista una buena comunicación. No hay un vínculo satisfactorio si no hay una buena comunicación. Y la mayoría de las veces la falta de comunicación acaba siendo la causa de que pequeñas cosas sin importancia se conviertan en conflictos irresolubles.

27

EL MIEDO A LA SOLEDAD

Cuando hablamos de sufrimiento, de apego inseguro, de ansiedad y de dependencia en las relaciones de pareja debemos recordar que detrás de todo siempre está el miedo a la soledad.
 Este miedo, en realidad, no es a estar solo, sino a no tener pareja. Y esta idea de que no vamos a tener pareja tiene detrás un miedo mayor, el de no tener nunca pareja, como si no concibiéramos la vida de otra manera. Es la incapacidad de soportar la idea de no tener una familia, como si no alcanzar esa expectativa conllevara un fracaso, la imposibilidad de tener una vida plena. Pero, como ya hemos visto, esta es una expectativa que nos ha sido inculcada desde fuera.
 A menudo, las personas que están sufriendo dentro de una relación (por maltrato, sometimiento, discusiones interminables…) lo justifican diciendo que están enamoradas, aunque sea de forma inconsciente, por el miedo a quedarse sin pareja, a no encontrar a otra persona.
 La autoestima está en el centro de este pensamiento. Cuando vivimos en una relación enferma llegamos a tener la percepción de que no somos capaces de merecer que nos quieran de verdad, así que concluimos que algo estamos haciendo mal, que tenemos alguna falta o un defecto y que si

perdemos a esa persona no vamos a encontrar a otra, nadie nos va a querer.

El mandato social o cultural nos hace sentirnos fracasados y no queremos aceptar que los demás nos vean así. Desde pequeños, en nuestra casa, con nuestros padres, nuestros amigos, la televisión, el cine, el mundo en general, se nos dice que debemos tener pareja y formar una familia. No hacerlo produce un miedo conectado al fracaso, como si el hecho de vivir solo, sin pareja, aunque todo vaya bien, fuera un estigma que nos invalidara de cara a los demás. Son muchas las personas que lo viven de este modo, soportando una gran presión, lo que puede llevar a una falta de sentido de la propia existencia, como si tener pareja fuera la única razón para vivir. Puede parecer absurdo y seguramente lo es, pero es un sentimiento compartido y generalizado.

Con el paso de los años, llegados a los cincuenta o los sesenta años, aparece el miedo a hacerse mayor y morir sin pareja, por la creencia de que al envejecer dejaremos de ser autosuficientes y necesitaremos a alguien que nos cuide. Este pensamiento surge a menudo en terapia. Muchas personas, al hacerse mayores, tienen pánico a la soledad.

El ideal romántico también nos empuja a pensar que una vida sin amor no es vida, como si todo dependiera de seguir un guion cinematográfico. Si no encontramos a nuestra otra mitad moriremos solos, y somos incapaces de disfrutar de todas las cosas que nos ofrece la existencia: vivencias, experiencias, diversión, relaciones de calidad…

Estar solo no es lo mismo que no tener pareja. Todos necesitamos vínculos emocionales sanos, pero estos no tienen por qué ser necesariamente de pareja. Estar solo es no tener a nadie con quien relacionarnos. Y tener pareja no es garantía de no sentirse solo. La soledad siempre tiene solución, pero la necesidad de tener pareja muchas veces nos lleva a buscar algo que no existe y nos impide disfrutar de otras relaciones.

NO ES LO MISMO ESTAR SOLO QUE NO TENER PAREJA

Así que la soledad es una cosa y no tener pareja es otra, y muchas veces se confunde. Debemos aprender a aceptar no tener pareja, porque todos podemos encontrarnos en esta situación en algún momento de nuestra vida, y eso no significa que tengamos que dejar de ser felices. La felicidad es independiente de tener pareja y, normalmente, las personas que no son capaces de ser felices cuando están solteras tampoco lo son cuando encuentran un compañero. Postergar la felicidad hasta que encontremos a nuestra media naranja es hipotecar nuestra vida.

En la mayoría de nuestras relaciones tomamos decisiones basadas en ese miedo. Así que, cuando estamos en una relación y hacemos cosas o dejamos de hacerlas, o aguantamos cosas que no deberíamos, o nos quedamos donde no tenemos que estar, estamos tomando decisiones desde el miedo.

> *No hay ninguna decisión tomada desde el miedo que a largo a plazo nos haga felices.*

El miedo es una limitación para la vida y para las relaciones de pareja. Actuar desde el miedo no está enfocado en la felicidad ni la satisfacción, sino en la seguridad, en la idea de que no nos dejen, que nos quieran y que cuiden de nosotros, y no en lo que realmente deseamos o necesitamos para ser felices.

No se trata, entonces, de renunciar a tener pareja, ya que este es un deseo legítimo y sano, pero no podemos desear una relación de pareja desde el miedo, porque es lo que la mayoría de veces nos lleva a no encontrarla o a que la estropeemos cuando la tenemos.

El miedo es enemigo de las relaciones sanas, por eso debemos enfrentarnos a él. Actuar con naturalidad, diciendo lo que tengamos que decir, pidiendo lo que tengamos que pedir, aceptando lo que podamos aceptar y sin miedo a quedarnos solos. Hay que espantar al miedo.

Si estamos en una relación de pareja y vemos que el miedo a que nos dejen está muy presente, tenemos que enfrentarnos a ello. Si nos aterroriza decir o hacer algo que creemos que podría destruir la relación, es eso precisamente lo que debemos decir o hacer. El miedo nos impide ver lo que hay más allá, y si no lo superamos no sabremos lo que pasará después. Por supuesto que si hacemos, decimos y pedimos lo que necesitamos para estar bien, podemos provocar una ruptura, pero también puede ocurrir todo lo contrario: que la relación funcione. En cualquier caso, sabremos si la relación lo permite y lo merece si la otra persona puede o quiere hacernos felices. Si somos capaces de expresarnos sin miedo y hay una posibilidad de que la relación funcione la encontraremos, y si se tiene que romper será porque esa relación no nos convenía.

El miedo no solamente impide una relación sana, sino que también es una señal que nos advierte de que hay tomar la decisión de enfrentarlo y avanzar, descubrir qué habrá después. Muchas veces lo que hay no es tan malo como creemos y, si conseguimos superar y enfrentar ese miedo, podemos tener una relación fantástica o bien romper una relación que no podía ir bien para dejar la puerta abierta a otra, o aprender a ser felices estando solos, que también puede ser fantástico.

CONCLUSIÓN

No usemos los estilos de apego para etiquetar a las personas. Son patrones de personalidad derivados de las diferentes estrategias que podemos emplear en la búsqueda y mantenimiento del vínculo de apego. El propósito de esta clasificación no es meter a las personas en una categoría, sino comprenderlas, incluido uno mismo.

Una relación no es fuente de sufrimiento, a menos que no la gestionemos bien, pero podemos trabajar en ello y tener relaciones muy satisfactorias. La vida en pareja es muchas veces lo que más felicidad nos aporta, y no deberíamos renunciar a ella.

La gran mayoría de las personas desean vivir en pareja. Todos buscamos una relación de felicidad. Sin embargo, lo que encontramos, a veces, es una fuente de sufrimiento.

El mundo de las emociones es aún un gran desconocido. Sabemos mucho sobre cómo funciona el mundo, pero muy poco de nosotros mismos. Las emociones son lo que somos, lo que sentimos. No hay nada más importante. Gracias a la neurociencia, estamos empezando a tener una mayor comprensión.

La sociedad nos prepara para salir al mundo y ser productivos. La educación está enfocada en el trabajo. A duras penas se está incluyendo la educación emocional en las escuelas, de manera muy tímida, y casi nada en las universidades.

Crecemos, encontramos pareja y algunos formamos una familia, pero lo hacemos sin estar preparados. En casa nos enseñaron poco sobre cómo gestionar nuestras emociones. En demasiados casos nos enseñaron a reprimirlas o avergonzarnos de ellas. Tampoco sabían mucho nuestros padres. Y cuando somos adultos nos encontramos con esta necesidad. Es responsabilidad de cada uno aprender y desarrollar esta capacidad indispensable para tener una vida satisfactoria y educar a nuestros hijos desde este conocimiento.

La teoría del apego es la teoría de las emociones compartidas. Somos seres emocionales. Estamos aquí porque en algún momento de la evolución decidimos unirnos para sobrevivir. Nacemos para conectar unos con otros. Para eso sirven las emociones y esto es el vínculo de apego.

En las relaciones de pareja encontramos el vínculo más profundo y duradero. Conocemos a una persona con la que compartir el viaje de la vida, lo bueno y lo malo, proyectos importantes como formar una familia, tener relaciones sexuales pero, sobre todo, un vínculo que nos permite ser nosotros mismos, expresar nuestras emociones y sentir una conexión que no sentimos cuando estamos solos.

Una relación de pareja es un proyecto muy ambicioso. Es nuestra responsabilidad aprender a gestionarla y construirla. Merece la pena y espero haber contribuido a ello.

BIBLIOGRAFÍA

Ainsworth, Mary D.S. et al., *Patterns of Attachment: A Psychological Study of the Strange Situation*, Psychology Press, Londres, 1979.
Alberoni, F., *El misterio del enamoramiento*, Gedisa, Barcelona, 2003.
Berlin, L.J. et al., *Enhancing Early Attachments*, Guilford, Londres, 2005.
Bolinches, A., *Amor al segundo intento*, Urano, Barcelona, 2018.
Bolinches, A., *El arte de enamorar*, DeBolsillo, Barcelona, 2010.
Bowlby, John, *El apego*, Paidós, Barcelona, 2023.
Brazelton, T.B., *Affective Development in Infancy*, Ablex, Nueva York, 1986.
Crittenden, P.M., *Nuevas implicaciones clínicas de la teoría del apego*, Promolibro, Valencia, 2002.
Dana, D., *La teoría polivagal en terapia*, Eleftheria, Barcelona, 2019.
Doumpioti, D., *Historia de lo nuestro*, Gedisa, Barcelona, 2020.
Durán, C., *Amor y dolor en la pareja*, Kairós, Barcelona, 2013.
Feeney, J. y Noller, P., *Apego adulto*, Desclée De Brouwer, Bilbao, 2001.
Gilligan, S., *La valentía de amar*, Rigden, Barcelona, 2008.

Greenberg, L.S., y Woldarsky, C., *El perdón y el dejar ir en la terapia centrada en las emociones*, Desclée De Brouwer, Bilbao, 2022.

Hernández Pacheco, M., *Apego y psicopatología: la ansiedad y su origen*, Desclée De Brouwer, Bilbao, 2017.

Hill, D., *Teoría de la regulación del afecto*, Eleftheria, Barcelona, 2018.

Holmes, J. y Slade, A., *El apego en la práctica terapéutica*, Desclée De Brouwer, Bilbao, 2019.

Holmes, J., *Teoría del apego y psicoterapia*, Desclée De Brouwer, Bilbao, 2009.

Kross, E., Chatter, *The voice in our head and how to harness it*, Vermilion, Londres, 2021.

Marrone, M., *La teoría del apego*, Psimática, Valencia, 2009.

Perel, E., *El dilema de la pareja*, Planeta, Barcelona, 2020.

Perel, E., *Mating in captivity*, Yellow Kite, Londres, 2007.

Poole Heller, D., *El poder del apego*, Sirio, Málaga, 2019.

Rosemberg, M.B., *Comunicación no violenta*, , Gran Aldea Editores, Buenos Aires, 2006.

Sanz, F., *Los vínculos amorosos*, Kairós, Barcelona, 1995.

Schore, A.N., *El desarrollo de la mente inconsciente*, Eleftheria, Barcelona, 2022.

Schore, A.N., *Psicoterapia con el hemisferio derecho*, Eleftheria, Barcelona, 2022.

Serván García, I., *Desorganización del apego*, Desclée De Brouwer, Bilbao, 2023.

Sutil, L., *¿Dónde estás amor?*, Algaba, Madrid, 2004.

Tinajas Puertas, A.A., *Trauma complejo y disociación estructural de la personalidad*, Ágora Relacional, Madrid, 2022.

Villegas, M. y Mallor, P., *Parejas a la carta*, Herder, Barcelona, 2017.

Villegas, M., *Atrapados en el amor*, Herder, Barcelona, 2023.

Wallin, D.J., *El apego en psicoterapia*, Desclée de Brouwer, Bilbao, 2012.